엄마표 수학놀이
100일의 기적

每日10分鐘
數學超好玩
親子互動遊戲書

用遊戲打造數學基礎
100天就讓孩子愛上學習

作者｜辛敬美 신경미、千宗鉉 천종현

譯者｜林建豪

成為孩子的第一位數學老師，
養成對數學的好感

　　韓國媽媽牌數學遊戲一開始就吸引了我的興趣。因為我很期待，「媽媽是孩子的第一個數學老師」這樣的觀念，可以在家庭中推廣並且真正的獲得實踐。那是因為研究 STEM 教育這麼多年，其中一件很重要的事情，便是鼓勵女孩積極發展 STEM 相關領域的專業能力，鼓勵女孩從小就多接觸 STEM 相關的活動或是遊戲。而研究顯示，影響女孩在數學或科學領域發展的其中一個阻礙，並不是女孩真的天生在科學與數學表現就比較弱，竟然是來自家庭的暗示，什麼樣的暗示呢？很多時候，當孩子對於自然科學與數學有疑惑提問時，許多媽媽會很自然的回答：媽媽的數學很爛，這個去找你爸爸。回家功課也自然的分配了責任區域，媽媽負責文科，爸爸負責理科。於是乎，無意間便傳遞了一個不完全正確的訊息，那就是：女孩天生數學不好，或是科學不好。這樣的暗示作用，一直到了幼兒園現場都可能繼續存在，這不完全正確的潛意識變成了孩子未來自我認識與能力發展上的限制，不可不慎！

　　所以看到這本書的時候，非常的開心，這本書將會翻轉媽媽們對自己的信心，重新發現自己其實挺有數學概念的，書中的活動都是利用生活中隨處可得的資源，像是：買蛋時的蛋盒、曬衣服的衣架和曬衣夾；點心吃完後的包裝和杯子；報紙或賣場的 DM、冰棒棍、孩子平時吃的一些小零食餅乾⋯⋯都可以變成引導孩子發展數學概念的教具，**不用特**

別花錢買精緻的教具，只要願意花時間，蒐集好材料，帶著孩子一起動手做，就可以輕鬆的一舉數得，既可以增進親子關係，對環保盡一份心力，還可以在活動中增進孩子的數學概念，是不是非常的值得投資呢！

最棒的是，這本書裡，用豐富的圖文，讓家長可以按圖索驥，一步一步的引導孩子，書中還將如何引導孩子的方式與對話內容都一一舉出，就有如現場老師使用的教案，鉅細靡遺的看了就會操作。100 天裡，每天一個與數學有關的生活遊戲，書中還依據學習的類別與相仿數學概念進行活動的編排，讓孩子的學習與活動經驗可以相互連結，層層堆疊，在舊經驗之上堆疊新的概念。幫助孩子靈活運用所學解決新的任務與問題。

最後，所有的學習理論與實證都告訴我們，人們只有在心情愉悅感到開心的時候，學習的成效最好，如果我們希望孩子從小就喜歡數學，不害怕數學，那麼，讓孩子透過簡單有趣的遊戲，並且與生活中的經驗相互連結，一定可以讓孩子與數學有個輕鬆有趣的開始，非常鼓勵所有的爸爸媽媽一起加入數學好感養成的行列！

資深幼教園長 王湘妤

能以最少努力，
發揮最大效果的媽媽牌數學遊戲

當孩子詢問數學問題時，你有可以直接回答孩子的方法嗎？

你在找跳脫單純遊戲、系統化的幼兒學習遊戲嗎？

你在找不辛苦（不會累個半死），又可快速、簡單學習的方法嗎？

有時數學遊戲跟國小教材毫無相關，只是親子之間進行的各種遊戲而已。筆者知道媽媽們會有「只是這樣玩會有什麼幫助嗎」、「能這樣就上小學嗎」的煩惱，因此筆者認為為了配合學習數學的重點，遊戲有系統化的必要性。

本書努力讓媽媽以最少努力，來達到最大效果，並且與國小教材相結合，進行系統化的數學遊戲。從算術到圖形變化，以遊戲的方式呈現所有國小低年級所要學習的內容。

筆者本身也有一個三歲小孩，很想在有限的時間內以最少的努力，獲得最大效果。家長可以善用身邊常看到的物品來成為孩子的玩具，也能培養孩子的創意。在孩子學齡前時期每天陪他玩 10 分鐘的有趣遊戲，會讓他產生想主動學習數學的愉快心態。這是種父母想培養孩子，讓他覺得數學很有趣、又喜歡數學的心情。**雖然遊戲看似簡單，但只要持續地進行就會帶來驚人效果的 100 日奇蹟體驗**。希望家長能透過本書，自然地從孩子們口中聽到「數學真好玩、我還要上數學」的話，更希望能成為不太會解題的孩子和媽媽互動時的助益。

作者 辛敬美

從教導學齡前孩童、國小生開始到製作發想內容的工作，兒子和女兒就成為我最親近的研究對象。我常用數學和他們玩遊戲，比起生日時收到玩具當禮物，我更常買給他們與數學有關的桌遊，這麼一來孩子自然而然就會和媽媽、爸爸接觸到各種不同的數學遊戲。我永遠忘不了現在讀國中的老大，他在國小一年級生日時對我說的話，我問他想要收到什麼生日禮物，結果他回答：「我們家有很多很像在學習的桌遊，所以想要一個和讀書無關的玩具。」雖然我的工作是開發學習習題，但我相信和父母一起玩數學遊戲會比解習題來得好。若解習題是單行道，那麼用教材進行活動的數學是可以維持興趣、讓孩子自我參與教育的雙向道。若孩子覺得困難，也可以適時地變換條件或調整時間，這樣不僅能成為符合自己孩子的專屬教育，也可以更多元變化，成為創意教育。

期望本書能成為比習題和桌遊更好的幫助，也讓覺得數學教育很困難的家長能用簡單且有趣的方式進行數學遊戲。在使用生活教材學習數學的過程中，會讓孩子和爸媽不知不覺激發出創意思考。不妨也可將書中內容變換一下，反問孩子「為什麼？」、「怎麼樣做？」這類問題，使學習效果加倍。不要去想自己教了孩子什麼，而是想著和孩子一起思考、一起遊戲，因為孩子的第一個數學老師就是父母。

作者 千宗鉉

在日常中培養
創意和聯想力的媽媽牌數學遊戲

本書結構及特色

1 介紹 87 種數學遊戲。利用生活周遭常見的教材，進行孩子和家長之間每天 10 分鐘的數學遊戲，來培養孩子的創意和聯想力。

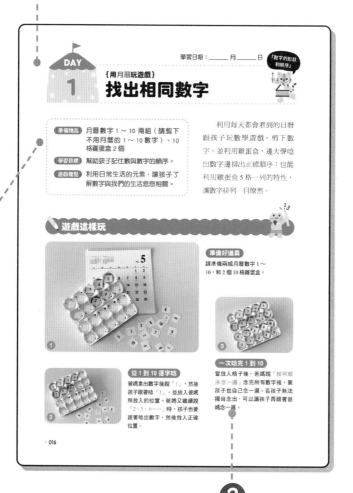

2 遊戲道具以日常生活中容易取得的物品為主，因此不需額外購買教具即可簡單地完成準備。

3 遊戲這樣玩。

各步驟有簡單的遊戲方法說明和照片，學習順序一目了然。

1

為了讓學習過程能更順利地理解，
可參考直接製作教具的範例。

2

給爸媽的教導指引。

讓家長了解要遊戲與國小教科課程
可以如何搭配學習，提出該以何種
方式指導的教學提示建議，並提供
多樣延伸數學概念的小祕訣。

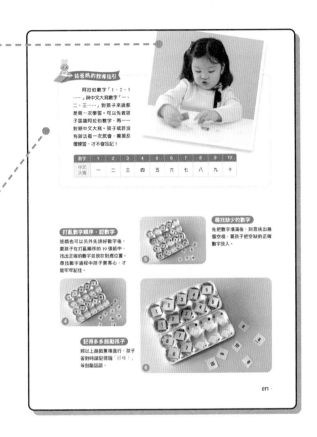

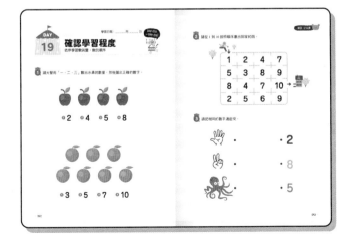

✏️ **確認學習進度**

每個單元學習完成後，可以
複習前面學習過的內容。透
過解開不同類型的問題，幫
助孩子複習和爸媽用遊戲學
習過的內容。

目錄

「數字的形狀和順序」

{用月曆玩遊戲}
找出相同數字

準備物品　月曆數字 1 ～ 10 兩組（請剪下不用月曆的 1 ～ 10 數字）、10 格雞蛋盒 2 個

學習目標　幫助孩子記住數與數字的順序。

遊戲優點　利用日常生活的元素，讓孩子了解數字與我們的生活息息相關。

利用每天都會看到的日曆跟孩子玩數學遊戲。剪下數字，並利用雞蛋盒，邊大聲唸出數字邊排出正確順序；也能利用雞蛋盒 5 格一列的特性，讓數字排列一目瞭然。

遊戲這樣玩

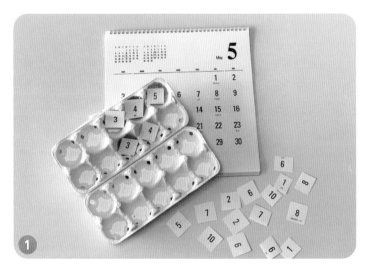

①

準備好道具

請準備兩組月曆數字 1 ～ 10，和 2 個 10 格雞蛋盒。

③

一次唸完 1 到 10

當放入格子後，爸媽說「按照順序念一遍」念完所有數字後，要孩子也自己念一遍。若孩子無法獨自念出，可以讓孩子再跟著爸媽念一遍。

②

從 1 到 10 逐字唸

爸媽拿出數字後說「1」，然後孩子跟著唸「1」，並放入爸媽所放入的位置。爸媽又繼續說「2、3、4……」時，孩子也要跟著唸出數字，然後放入正確位置。

給爸媽的教導指引

阿拉伯數字「1、2、3……」與中文大寫數字「一、二、三……」對孩子來說都是第一次學習。可以先教孩子認識阿拉伯數字,再一一對照中文大寫。孩子或許沒有辦法看一次就會,需要反覆練習,才不會忘記!

數字	1	2	3	4	5	6	7	8	9	10
中文大寫	一	二	三	四	五	六	七	八	九	十

尋找缺少的數字

先把數字填滿後,刻意挑出幾個空格,要孩子把空缺的正確數字放入。

打亂數字順序,認數字

爸媽也可以另外先排好數字後,要孩子在打亂順序的 10 張紙中,找出正確的數字並放在對應位置。尋找數字過程中孩子要專心,才能牢牢記住。

記得多多鼓勵孩子

將以上遊戲重複進行,孩子答對時請記得說「好棒!」等鼓勵話語。

DAY 2

「數字的形狀和順序」

{用冰棒棍玩遊戲}

找出不見的數字

準備物品 10 格的雞蛋盒 1 個、20 個冰棒棍（請黏上數字貼紙）、數字貼紙（1～10）

學習目標 幫助孩子加深孩子腦中記憶。

遊戲優點 增加趣味，讓孩子主動想玩。

若只是一直進行重複的簡單遊戲，孩子很快就會失去興趣；要讓孩子主動想玩，並加深記憶的話，請將這個遊戲和 Day 3「按照數字順序排列」互相配合，並給孩子充分的思考時間。

遊戲這樣玩

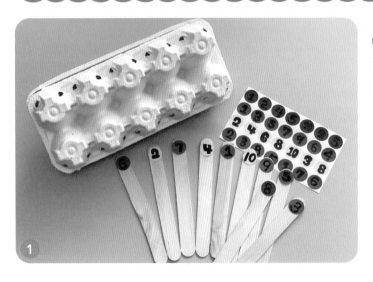

準備好道具

請準備好 10 格的雞蛋盒、10 個冰棒棍及數字貼紙。

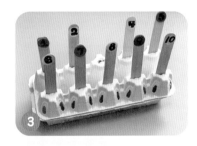

用冰棒棍代表數字

如同在 Day 1 中進行的同數字配對遊戲，這次進階成以插冰棒棍的方式進行。不是隨便亂插，而是確認好數字後再插進格子。

善用雞蛋盒

若進行得很順利，再把所有棍子移動到貼上數字貼紙的雞蛋盒，並隨機把其中一根棍子拔掉。跟孩子說「哪一個數字被藏起來了」，要孩子獨自找出空缺的數字。若孩子找到正確的數字，請多多稱讚他。

多透過遊戲來學習不同的變化和應用；變化遊戲條件後的學習可以培養孩子的創意力。爸媽一開始可嘗試各種不同的變化，隨著孩子逐漸熟悉遊戲，也可以讓孩子直接體驗變化題型，帶著他嘗試變換問題，如此可以獲得學不到的創意數學教育。

Day 2 可以說是變化遊戲學習的開始，相信家長在跟著本書的內容後，也會體會到要領，在固定的學習中發想出不同的變化和應用。

提升難度，並給孩子思考空間

把雞蛋盒上貼著的數字貼紙隨機撕下幾個，並移除冰棒棍，提升遊戲難度，讓孩子自己思考並逐一找出正確的數字位置。

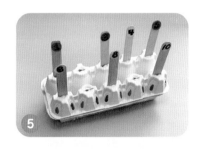

根據孩子的程度變化

若孩子覺得困難，可以先把數字棍子混合，要孩子練習按照順序插棍子，等孩子成功後再重複進行一次。

移除全部的數字貼紙

孩子熟悉遊戲後，可以在沒有貼數字貼紙的雞蛋盒上，隨機插幾根棍子，要孩子找出空缺的數字冰棒棍。

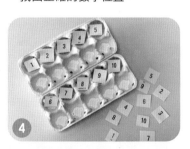

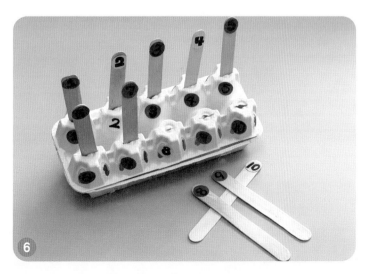

DAY 3

{用數字玩記憶遊戲}
按照數字順序排列

「數字的形狀和順序」

（準備物品）月曆數字 1 ～ 10 兩組。

（學習目標）幫助孩子進行圖像化練習。

（遊戲優點）善用圖像記憶能力，認識數字順序。

第一次學習數學時，在腦海中想像圖像是很好的學習方式。在 Day 1 遊戲中，利用月曆數字搭配雞蛋盒排列順序，能訓練孩子在腦中將數字圖像化。Day 2 遊戲中找出缺少數字的遊戲，可以加深對數字順序的記憶。現在請試試只用月曆數字來排出正確順序。

遊戲這樣玩

❶

準備好道具

請準備兩組 1 ～ 10 的月曆數字。

❸

爸媽先依序排出 1 ～ 10

由爸媽先依序排出 1 ～ 10 給孩子看後，要孩子跟著排排看。

❷

先重複 Day 1 的配對遊戲

先跟孩子進行一次 Day 1 的配對遊戲，若孩子覺得困難，可以重複進行數次。

數大致使用上可分為集合數、順序數、名稱數。

- 集合數：一個、兩個、3cm 等，表示事物個數或量的數。
- 順序數：第一、第二、第三等，按照順序出現時所使用的數。
- 名稱數：電話號碼、郵遞區號、交通工具、路線號碼等，代替名稱來辨識的數。

混合兩組月曆數字

等孩子熟悉之後，請混合兩組月曆數字。讓孩子跟爸媽試著各自依序排出數字。

也可以讓孩子先排

可以讓孩子先排數字後，爸媽跟著排。遊戲可隨著不同主角有不同玩法，爸媽模仿孩子所排的數字排列即可。

隨機抽出數字

當爸媽放好所有數字卡後，請拿掉一張，然後跟孩子說「我不知道這裡要放什麼」鼓勵孩子幫忙找出正確的數字。原本只是模仿爸媽排數字的孩子，會在不知不覺間動腦思考。

「數字的形狀和順序」

DAY 4

{冰棒棍變化款遊戲}
猜出隱藏數字

準備物品 數字棍子（貼有數字貼紙的冰棒棍）。

學習目標 讓孩子能在腦海中明確排出順序。

遊戲優點 讓孩子動動腦，增加玩數字遊戲的挑戰性。

若孩子已經學會按照順序排列，這個遊戲便是動腦遊戲。前面的遊戲只是單純的尋找數字，這裡增加了遊戲難易度，會隨機抽出數字讓孩子來排列。隨機抽數字對孩子來說是相當混亂的，但這卻是加深熟記數字順序必要經過。建議數字數量要符合孩子程度，讓孩子不會因為沒有成就感而失去興趣。

遊戲這樣玩

善用前面遊戲的道具
請善用 Day 2 從 1 到 10 的數字冰棒棍，將它依序排列整齊。

請孩子排出大小順序
跟孩子說「把棍子上的數字從小排到大」，請孩子依照數字大小，把爸媽挑出的棍子排出順序。

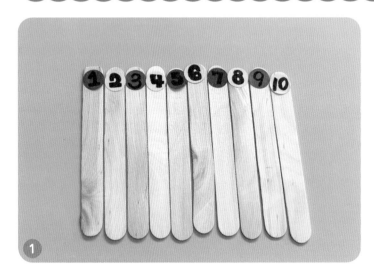

挑出奇數的棍子
請挑出數字 3、5、8、7、10 的五根棍子。若孩子年紀還小，則可減少挑選的棍子數量。

學會數字順序對加法、減法的學習很有幫助。加法是將數字加上去數就可算出；減法是把數字倒著數就可算出。

一開始學習時有可能會覺得減法較為困難，因為減法是倒著數數，比較不習慣。因此**在學習減法前，要先讓孩子熟記數字的順序**，並經常練習照順序數數和倒著數數。

翻開其它冰棒棍

讓孩子一個個把其他的棍子翻開。如果翻到9，爸媽可以問「9應該要放在哪裡」，待孩子回答正確後再翻下一個棍子，直到全部完成。

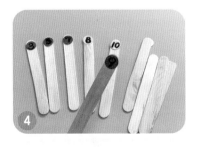

再減少抽出的冰棒棍數量

雖然是從1開始數數，但孩子能經由想像，說出沒有看見的數字。順利的話可以減少一開始的數量，並試著讓孩子從2、5、8開始數數。

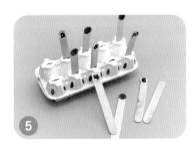

可以搭配雞蛋盒

若孩子覺得困難，可以把棍子插在 Day 2 中使用的雞蛋盒。雞蛋盒可以清楚看出 10 格的固定位置，讓孩子容易找到數字。

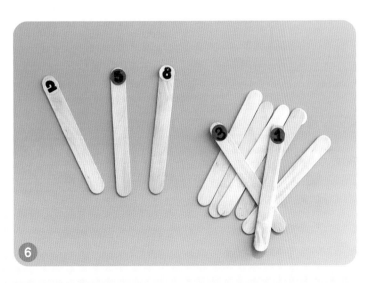

DAY 5

「數字的形狀和順序」

{ 用數字玩記憶遊戲 }
找出雙胞胎

準備物品 月曆數字 1 ～ 10 兩組。

學習目標 複習數字順序，並提升遊戲樂趣。

遊戲優點 不需要先訓練，誰都能進行的遊戲。

孩子一開始會對認識數字感到新奇，但久了就會覺得無趣。這是利用 2 組月曆數字翻面後找出相同數字的記憶遊戲，沒有難度且誰都可以玩，也能複習數字熟悉度。請家長表現出很煩惱、找不到正確數字的樣子。

遊戲這樣玩

❶

請先排列數字

照著 Day 3 中進行的順序來排列，讓孩子自己動手排列不僅能喚起他對數字的順序，也能找回對數字的感覺。最好要孩子先排列後，爸媽再跟著排列。

❸

把數字卡翻面

將兩組月曆數字卡翻面，請孩子協助幫忙把卡片弄亂、混合。將整理好的東西弄亂，有幫助舒緩壓力和提供樂趣的作用。

❷

找出相同數字

爸媽請跟著一起玩，找出相同的數字。

　　或許我們會認為，以傳授理論的方式教導數學，孩子很快就能了解，但現實並不是如此。孩子在學習的當下或許能做得很好，但隨著時間過去，很容易會忘記自己何時學過，造成爸媽可能會說出「我之前有教過你」或「你以前很厲害呢」等話語。這是因為孩子的記憶中出現不連貫的理論思考過程。

　　學習數學的過程和憑著感覺的學習類似，活用數字的方式有很多種，**熟記數字不代表就是了解數字**，比起單純的背誦數字，需要花更多的時間在學習過程上。請透過不同的方式來反覆記住數字，這就是媽媽牌數學的力量。

找出相同數字的卡片後可歸自己

若翻牌時翻出兩張相同數字卡，卡片可歸自己，並能再翻一次面。

擁有最多卡片的人獲勝

有勝負之分能激發孩子的好勝心。記憶類的遊戲可提升孩子的專注力，建議可多進行幾次。

DAY 6

「數字的形狀和順序」

{將數字影像化}

用黏土捏數字

準備物品 月曆數字1～10、黏土。

學習目標 孩子開始學寫數字前的影像化訓練。

遊戲優點 孩子能發揮創意，自己動手玩黏土。

讓孩子自己動手捏出數字，可以作為開始學習書寫前，牢記數字樣子的練習。若直接書寫數字，孩子可能會寫出不對稱、奇怪的數字。這個遊戲不僅可以防止孩子日後寫錯，也能適時提出鍛鍊思考力的問題，如：「這個數字換個方向，就會變成另一個數了。」

遊戲這樣玩

將月曆數字打亂並翻面

把1～10的月曆數字隨意混合後翻面，請孩子一個一個翻開。

① ②

捏出翻到的數字

孩子翻開數字後，爸媽可問孩子「一起捏捏看，要怎麼用黏土捏成一樣的數字」，並拿出黏土和孩子一起捏出的數字。

捏出更多數字

然後繼續翻開其他張，捏出更多數字。

③

上述遊戲是照著數字形狀動手製作的活動，有幾種方法可以使用。首先要尊重孩子自由製作的數字形狀，並一起參與製作。若家中有使用電子數字的物品，也可以叫孩子觀察，或是用手機找出電子數字給他看。

教導孩子觀察自己所知道的數字形狀和其他方式呈現的數字形狀有何不同，觀察完畢後再要孩子試著捏出形狀不一樣的數字。若只是要孩子觀察後就照著做的話，孩子就只會模仿，請給孩子發揮自我創意的製作機會。

也可用其他方式表現

年紀較小的孩子，喜歡用身體或手指來表現；也可以利用家中有的棉花棒或吸管排出數字。

將數字排順序

每翻開一張，就將數字照順序排列，然後再捏黏土。

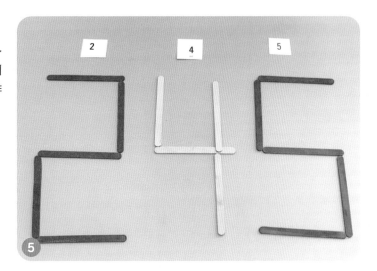

2 和 5 最容易被搞混

讓孩子嘗試製作不同的數字。建議可以多練習容易搞混方向的數字 2 和 5。

學習日期：＿＿＿ 月＿＿＿ 日

「數字的形狀和順序」

{從生活中找數字}

找出報紙中的數字

準備物品 家中有的雜誌、報紙或童話書。

學習目標 提升孩子對數字的敏感度。

遊戲優點 素材隨手可得，增加生活樂趣。

孩子會開始留意日常生活中自己已經學會的數字，並漸漸增加對數字的敏感度。他會唸出看到的車牌、看板上的電話號碼，身邊所有的東西都可以玩找數字遊戲。進行從生活中找數字後將會感覺到孩子提升了對數字的興趣與敏感度。

遊戲這樣玩

① ❶

準備好道具

請選出一本家中有的贈閱雜誌或童話書。

❸

圈出找到的數字

可以用貼紙或畫圈的方式圈出數字，再由爸媽確認是否正確。

翻找書中的數字

請爸媽找出其中數字最多的一頁，對孩子說：「你能幫我找到9嗎？」。

❷

之前有個節目，做了觀察西方國家的媽媽與韓國媽媽間的教育觀差異實驗。節目中把來參加智力測驗的孩子和媽媽安排在同一間房間，並架設攝影機來觀察。

西方國家的媽媽不插手孩子的答題，也沒向孩子使眼色；然而韓國媽媽則是看到答錯的題目後馬上要孩子重新答題，或是直接教起孩子如何答題，且一直將注意力放在孩子的身上。孩子在學習時，**父母若有這類的行動或因為孩子答錯就生氣的話，會令孩子的自尊心受創**，因此請待在一旁讓孩子自己處理，等孩子提出需要幫忙時再協助即可。

進行找數字比賽

這次換孩子跟爸媽各拿一張紙，來找出數字 2，誰找到的多就由誰獲勝。

可進行多種變化

利用這種方式帶領孩子多方面學習數字。

DAY 8

{從生活中找數字}

找出日常中的數字

準備物品 計算機或手機。

學習目標 提升孩子對數字的敏感度。

遊戲優點 利過孩子對計算機與手機的興趣來玩數學。

　　透過教材來學習，對孩子的創意或思考邏輯幫助有限；還要多加善用符合孩子程度的遊戲，能讓他們了解到數學真正的樂趣。這次的遊戲會使用計算機，由爸媽說出數字，由孩子按出數字的遊戲。用簡單易懂的遊戲就能知道孩子對哪些數字熟悉或不熟悉。

遊戲這樣玩

❶

準備好道具

請準備家中的計算機，若無計算機可用手機代替。

❸

爸媽寫數字，孩子打出來

爸媽在紙上寫下數字後給孩子看，孩子找到數字後按出。尋找並按出數字看似很簡單，但對孩子來說是需要專注力的一件事。

❷

觀看計算機上的數字排列

和孩子一起用計算機來看數字的排列，爸媽依序說出數字，孩子則練習在計算機上找數字。

想讓數學進步，首先必須對課程內容有興趣才行。**對課程有興趣的大多是在學習上自信心較高的孩子。**

數學的範圍較廣，無法全靠記憶來記住，因此能轉換成由興趣帶動學習，並提升孩子對課程內容興趣的方法是「等待」與「稱讚」。

善用生日或電話號碼

爸媽說「你幫我按出我說的數字」，然後唸出家人的電話號碼或生日等。這些並非依序的規則的數字，可以提醒孩子慢慢找即可，即使按錯也可以簡單的刪除，不會給孩子過大的壓力。

可以多多練習

這對孩子來說，這個方法可以快速的認識數字，請多重複進行幾次。

確認學習進度

依序學習數字的形狀和順序

 1 請圈出長相奇怪的數字

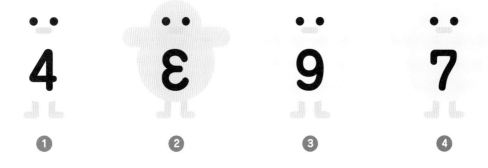

4   3   9   7

❶   ❷   ❸   ❹

の   1   8   10

❶   ❷   ❸   ❹

解答：214頁

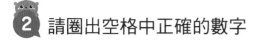

2 請圈出空格中正確的數字

1 9　　**2** 8　　**3** 4　　**4** 6

6 ♥ 8 9 10

1 5　　**2** 4　　**3** 2　　**4** 7

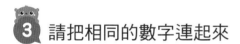

3 請把相同的數字連起來

2　　3　　4　　7

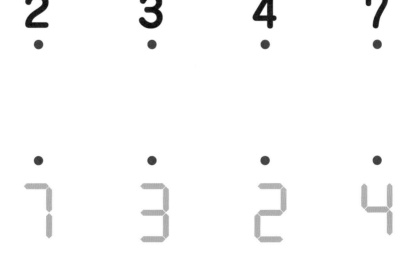

7　3　2　4

「數與量、數的順序」

DAY 10

{用零食玩遊戲}

零食數一數

準備物品　2 個 10 格雞蛋盒、餅乾、月曆數字 1～10。

學習目標　了解數字對應數量。

遊戲優點　用孩子喜歡的零食提高孩子的學習興趣。

　　前面的單元是認識數字的練習，現在將進入了解數字對應數量的單元。用孩子喜歡的零食，或將各種顏色的玉米片進行顏色分類。教導孩子知道數字和數量以及數的大小，對接下來學習運算是很重要的部分，必須要多花時間進行。

遊戲這樣玩

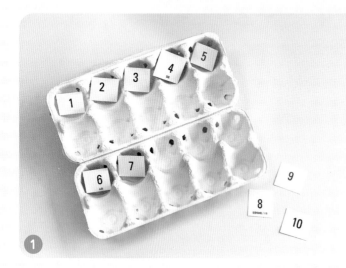

❶

將數字放進盒中

如 Day 3 進行的一樣，要孩子自己把數字依序放進盒中。

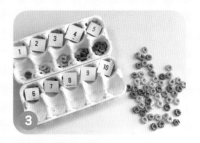

❸

找出缺少的數字

再來換爸媽把不規則的數字放進盒中，要孩子找出缺少的數字後放入。

❷

依照數字放入正確的零食數量

把孩子喜歡的餅乾放入 1 的對應位置後說「一」，當爸媽數「一、二、三」時，也請孩子一起跟著說。

數和數字有何不同？**數字是用來表現數**，如 0、1、2、3……9；**數則代表所包含的大小、數量、順序等**。287 的數字是由 2、8、7 所組合的數。如「牛」是一個字也是有意義的單字一樣，「1」是數字也是代表一意思的數，由此可知數和數字是不同概念。

孩子目前還不需要了解如何區分，但請爸媽要先有這樣的概念。數有數以千計個、無法計算總共有多少，但數字只有 0、1、2、3、4、5、6、7、8、9、10 這十個。

一邊數一邊吃

零食都放好之後，爸媽說「和我一起邊數邊吃」。先說「一」後，把對應的餅乾吃掉。

④

換孩子放入餅乾

現在讓孩子自己重新放入對應數量的餅乾，孩子需要幫忙時，爸媽可從旁協助。若孩子放的餅乾數量不對，可以用生動的方式表明：「這裡還少一個喔！」來幫忙補足。

⑤

爸媽隨機點數字

所有餅乾都擺放好後，可以進行爸媽隨機說數字，孩子找出後吃掉對應餅乾的遊戲。

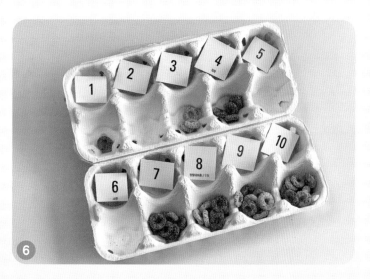

⑥

「數與量、數的順序」

DAY 11

{用紙杯玩遊戲}
轉紙杯遊戲

準備物品　2個紙杯（請在一個紙杯隨機寫上數字、另一個紙杯隨機畫上數字的點）。

學習目標　認識數與數量的關係。

遊戲優點　利用便宜、自製的教具，也能激發孩子的創意。

這次的遊戲只要用兩個紙杯重疊後即可完成，一個杯子寫上數字、另一個則畫上點，讓孩子邊轉邊對準紙杯的對應遊戲。盡量要孩子自己玩，而非由爸媽進行，爸媽可以提出口頭指示如「請幫忙找出 6」。

遊戲這樣玩

準備好道具
請準備兩個紙杯。

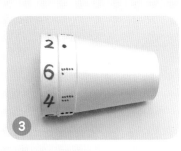

由爸媽出題
先由爸媽示範一次後，爸媽只要說「請幫忙找出 6」或「請幫忙找出 8」在一旁出題就好。

隨機寫上數字
一個紙杯隨機寫上數字、另一個隨機畫上點。畫點時請以 5 點為一排單位，方便孩子數數。

在進行幼兒數學諮詢時，我最常建議的是利用類似桌遊的遊戲方式，來讓孩子愉快的接觸數學。爸媽與孩子用生活周遭常看到的材料來當教具，**不僅其樂趣能超越桌遊，還能成為增加孩子創意的幼兒數學教育。**

創意教育其實並非遙不可及，除了在補習班解習題、使用昂貴的教具以外，也能利用生活周遭的材料學習數學，透過改變材料或利用特性的活動，也能培養出孩子的創意和邏輯觀念。

交換紙杯位置

可以再將紙杯交換放置（畫點的紙杯在上、數字在下），讓孩子能更清楚的了解。

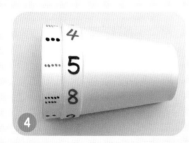

重複出題

請反覆出題讓孩子玩。

「數與量、數的順序」

DAY 12

{用貼紙玩遊戲}

點點排排站

準備物品	貼紙、空白筆記本。
學習目標	認識數與數量的橫直排列。
遊戲優點	以 5 為基準，孩子很快就能認識 5 以上的數。

　　若孩子已經理解餅乾數量，那麼就可以來觀察縱列跟橫排的數字排列。爸媽先在空白筆記本上畫出 10x10 的方格，並寫好數字；接著孩子將貼紙貼入方格，這樣自然就能知道數會越來越多。先前都是將數聚在一起數，現在則用展開排列，能讓孩子再次認識數與數量。

遊戲這樣玩

準備好道具

請準備貼紙和空白筆記本，備好長 10 格、寬 10 格的範圍，在底部寫上數字 1～10。

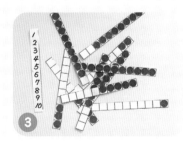

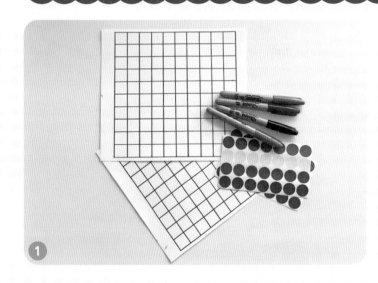

爸媽指引孩子貼貼紙

由爸媽提議「我們來玩排隊的遊戲好不好」或「你要不要拿貼紙幫我按照數字貼在紙上」，然後拿貼紙給孩子貼。

一條條剪下

孩子都排好後跟孩子一起檢查，並先剪下數字那排，再把貼好貼紙的部分橫著剪下。

這個遊戲正是學習加法的起點。因為幼兒數學的加 1 是以「比 1 更大的數」、「1 之後的數」為概念開始的辨別教育。不建議讓孩子先學習「+1」、「+2」、「+3」的記號,然後以抽象的概念一直反覆熟記規則的學習方法。

幼兒數學的概念是和孩子多以對話的方式來表現加法、減法的情況,建立紮實基礎。即使沒提到加法,透過具體的物品也讓孩子知道 3 是比 2 大 1 的數,並能幫助孩子日後學習演算。

觀察貼紙數量的不同

可以說「原來數字 6 比數字 5 多一個貼紙」,帶領孩子觀察數的變化。

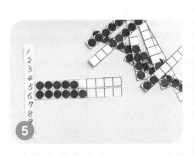

❺

看貼紙數量排出順序

讓孩子用貼紙數量依序排出大小順序,並對應數字。

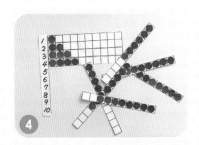

❹

提出問題,刺激思考

或反問孩子「數字 10 比數字 8 多幾個貼紙」,刺激孩子思考。

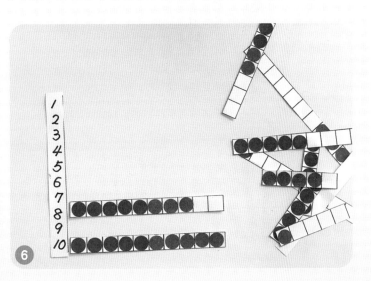

❻

DAY 13

{用冰棒棍玩遊戲}
以5為單位

「數與量、數的順序」

準備物品　冰棒棍、橡皮筋。

學習目標　快速認出 5 以上的數。

遊戲優點　以 5 為基準，孩子很快就能認識 5 以上的數。

　　以 5 個為基準數數的話，能讓孩子更加熟練個位數的演算。不僅可以練習看懂 5 後面的數字，也能使孩子看到數量後就能與數作連結。

遊戲這樣玩

準備好道具
請準備冰棒棍和橡皮筋。

數量控制在 10 根以內
把棍子的數量控制在 10 根以內，整齊平放後讓孩子來數。

用橡皮筋捆好
爸媽先用橡皮筋把 5 根棍子捆住後，要孩子從第 6 根開始數剩下的棍子。

一開始知道數的孩子雖然能自主的數到 3，但超過 3 之後就必須一個一個數，時間久了便可一口氣數到 5，而超過 5 之後很難一眼就算出。因為**如果沒有規則排列，就算是大人也很難一眼算出超過 5 的數。**

反覆練習以 5 個為一組的數的結構，可以幫助孩子學習數到 5 和超過 5 的數。

換孩子練習捆

媽媽解開橡皮筋後，換孩子練習將 5 個棍子綁在一起。

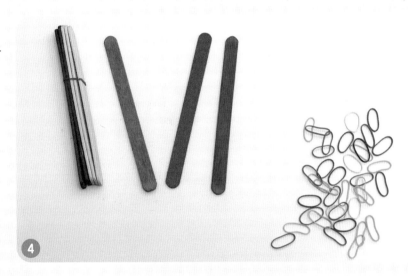

反問孩子問題，刺激思考

這時爸媽可以問孩子「比 5 多 1 的數是多少」、「6 比五個多幾個」這類題目，讓孩子以棍子表示出對應的數量。

{用樂高替代零食}

樂高配對遊戲

準備物品	10 格雞蛋盒、20 個樂高（相同顏色的兩個樂高，一個標上數字，一個畫上相對應的圓點。）。
學習目標	快速認出 5 以上的數。
遊戲優點	用樂高取代零食，玩法更多元。

　　Day10 遊戲的延伸款，用樂高取代零食。現在要用標好圓點的物品來找出相同數字。把圓點以 5 個為一組，孩子就能清楚認出 5 以後的數字。以後還能延伸出以 10 為一組，認識分解、組合、加法和減法。

遊戲這樣玩

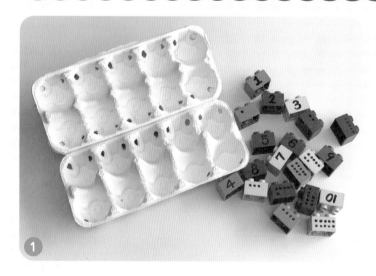

準備好道具

請準備一個 10 格的雞蛋盒和各顏色兩種、共 10 組的樂高。（將相同顏色的樂高一個寫上數字、另一個點上圓點。）

排入寫有數字的樂高

跟孩子說「我們來照順序排排看」，並在旁等待孩子擺放。

擺入有圓點的樂高

接著讓孩子用看的來數圓點，並將其放入正確的位置。

如果你要 5、6 歲的孩子一隻手比 5，另一隻手比 2 來數數的話，他會從 1、2、3、4……一直數到 7；若要他再用一手比 5 一手比 3 來數的話會發生什麼事呢？他們通常不會在 7 後直接數 8，而是會從 1 開始數。

當孩子對較小的數熟悉後，數 7 時可以先強調 5，**從 5 開始數數，這樣重複練習後就能加快數數的速度。** 孩子一眼就能算數後，還可以增加分解、組合的概念，為之後的加法、減法做準備。

變換順序，先擺入圓點樂高

這次換成爸媽先擺放畫上圓點的樂高，跟孩子說「我們來照順序排排看」，並在旁等待孩子擺放。

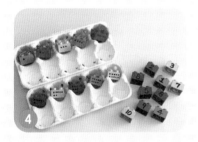
4

還可以把樂高疊起來

玩過數字配對遊戲後，還可以邊照順序邊堆疊樂高，讓孩子比較看看。遇到超過 5 的數字時，可常對孩子說「一、二、三、四、五、六」、「六比五多一點」這類的規則。

擺入數字樂高

孩子可放入正確配對的數字樂高。

5

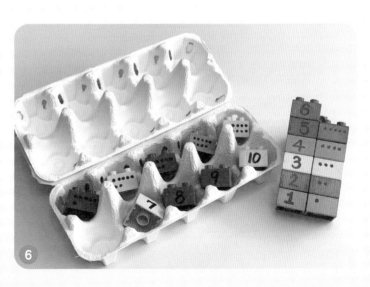
6

「數與量、數的順序」

DAY 15

{用圍棋玩遊戲}

找出缺少的數

- **準備物品** 2 個雞蛋盒、圍棋、日曆數字 1～10。
- **學習目標** 鍛鍊孩子配對數與圍棋。
- **遊戲優點** 增加孩子對數與數量的記憶。

這能喚起孩子在 Day 10 學習的相同數量遊戲的記憶。若是單純重複玩，孩子很快就會興致缺缺，要進化成孩子自己想玩的遊戲，才能讓他們印象深刻。讓孩子配對數與圍棋，並隨機拿走，讓孩子尋找哪些數和圍棋消失了。

遊戲這樣玩

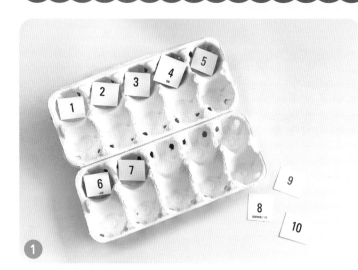

①

由孩子排出數字順序

請爸媽先把數字小卡拿給孩子，讓孩子排列正確順序。

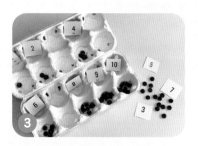

③

放入圍棋

排好數字後再放入對應數量的圍棋。

②

隨機清空數字與圍棋

讓孩子暫時閉眼睛，由爸媽挑選幾處並把卡片和圍棋清空。

善於使用教具的韓國媽媽牌數學，是透過與孩子間自然的對話，來觀察孩子對數學的思考方式，也能隨時提出問題問孩子，讓孩子盡量表現出他所學習到的數學概念。

　　書中遊戲說明有許多向孩子提問的問題，請以這個為參考並**多多與孩子對話、提問**，因為培養孩子思考的最好方法就是「問問題」。

尋找缺少的數字

爸媽用好奇的口氣說「這裡原本有什麼」，並要孩子先排出正確數字後，再放入正確的圍棋數。

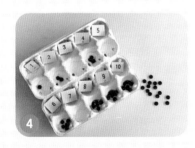
④

放入正確數字牌

讓孩子把正確數字放進圍棋的對應位置，這時請給孩子充分思考的時間。

顛倒遊戲步驟

現在換成爸媽先把圍棋數量依序放好。

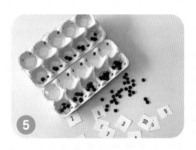
⑤

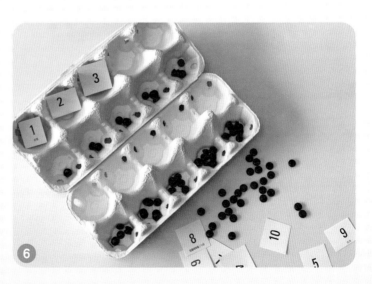
⑥

「數與量、數的順序」

DAY 16

{用衛生紙捲筒玩遊戲}

麥片數一數

準備物品　麥片、衛生紙捲筒或紙杯。

學習目標　了解數和量的意義。

遊戲優點　道具簡單，有吃又能玩，引起孩子的興趣。

　了解數與量的關係，對孩子來說是相當重要的課題，家長需要多花時間陪伴孩子練習，也需要變換不同方法讓孩子多多嘗試。

遊戲這樣玩

①

準備好道具

請準備麥片、衛生紙捲筒、貼紙。

③

反覆練習

爸媽請跟孩子說「在數字 3 的圓筒放入 3 個麥片」，讓孩子反覆練習數和量的關係。

②

我放一次、你放一次

跟孩子說「我放一次、你放一次」，然後用湯匙或紙杯將麥片按照數量放入對應的衛生紙捲筒。

　　才剛學會加法、減法的孩子為什麼會用手指來算呢？那是因為小孩子沒辦法想像眼睛看不到的東西。若常接觸具體物品，他們就能想起數的影像，如此一來到下一階段，即使沒有具體物品也能靠想像來計算。

　　數學的範圍相當廣泛，多使用**生活上經常出現的物品，就能豐富孩子對數的想像力。**這就是為什麼經常使用具體物品的孩子，較不擅長抽象思考的最大原因。

放入紙杯

請爸媽將麥片裝在沒有標示出數字的紙杯。

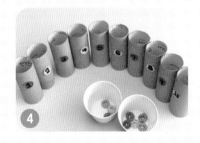

4

數數看，並配對紙捲筒

讓孩子先數杯裡的麥片數量後，再把貼有數字、相對應的衛生紙捲筒放入紙杯中。

5

隨機說數字，提升難度

也可以試試爸媽隨機說個數字，要孩子放入正確數量零食到正確衛生紙捲筒的遊戲。

6

「數與量、數的順序」

DAY 17

{用圍棋玩遊戲}
圍棋數一數

準備物品　圍棋盤、圍棋、筆

學習目標　以不同的方式讓孩子確實了解數和量。

遊戲優點　利用家中原有的圍棋遊戲，增加趣味性。

大部分孩子通常能馬上就理解數和量的概念。如果家中有圍棋盤和圍棋的話，爸媽就能和孩子一起度過快樂的遊戲時間。

遊戲這樣玩

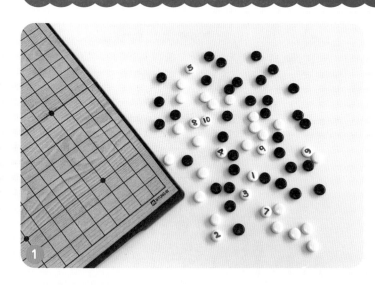

準備好道具

請準備圍棋和圍棋盤。

在白圍棋上寫數字

在白色圍棋上寫上數字後，讓孩子依序排列。

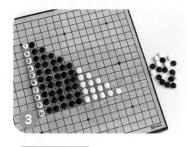

以 5 為基準

依照所寫的數字排出對應的量。1~5 請排黑棋，5 以後的數換成白棋擺放。

在與孩子對話或詢問孩子時，必須要傾聽孩子。有些孩子**很快就可以回答出爸媽提出的數學問題**，但有些孩子對學習問題的反應很敏感，或甚至容易感到不耐煩。觀察那些會回答爸媽問題的小孩，通常他們親子之間的關係是會**互相傾聽、互相尊重的，要聽孩子說話才能和孩子對話。**

小時候孩子都會和父母親對話，但隨著家庭不同、孩子年紀再大一點後，也有許多孩子不和父母對話的景況。所以請先傾聽孩子說的話。

擺放正確的數字

等到孩子將圍棋擺放正確後，再把寫有數字的棋子移開後混合，讓孩子把正確量的數字排回去。

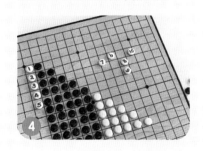

移開一些數字

把其中一些數字棋移開，讓孩子自己重新排列。

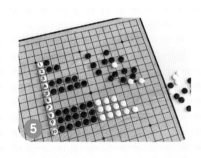

隨機排列，增加難度

請隨機挑選數字讓孩子來排出正確的量。在數 5 以上的數字時，請要孩子練習從 5 開始數，而不是從頭開始，讓孩子熟悉 5 的存在。

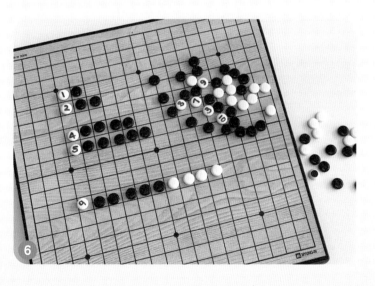

DAY 18

{用廚房紙巾玩遊戲}

廚房紙巾貼貼看

準備物品 1 個廚房紙巾的芯、2 組數字貼紙、點點貼紙。

學習目標 快速認識數字。

遊戲優點 道具容易取得、遊戲簡單易懂。

這是能讓孩子最快認識數並專注在數字配對、數量一致上的遊戲。爸媽能在旁邊看，也能一眼看出孩子的弱點。用家中常見的廚房紙巾芯和貼紙，就能讓孩子完全了解數。

遊戲這樣玩

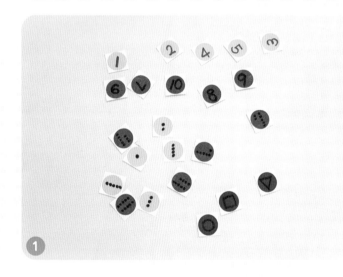

準備好道具

先準備好 1 到 10 的數字貼紙和點點貼紙，若能和孩子一起製作更好。

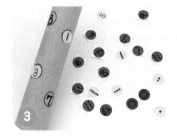

隨機畫上 1~10

在廚房紙巾的芯上不規則地畫上 1～10 的數。

按照數字貼數字貼紙

由爸媽唸數字，並從 1 開始依序拿給孩子數字貼紙，或由孩子自己進行。讓孩子邊轉動廚房紙巾的芯，邊找出正確數字後貼上。

在與學生父母諮商的經驗中，有些人會以「我不喜歡數學，但聽說這裡會使用很多教具……」為開場白。不喜歡數學是沒辦法的，只要孩子詢問數學相關的問題，這些家長就會立刻放棄，或要孩子去問老師等。

孩子上的補習班最多一週上課 2 小時，反之，**家長能陪伴的時間更多、更能分享聊天。**自己對孩子說數學無趣且困難，卻希望補習班能用有趣的方式教導孩子，不就是相當矛盾的想法嗎？請在孩子面前和他一起為數學傷腦筋，因為孩子正是父母的縮影。

換貼點點貼紙

現在換貼點點貼紙，貼點點貼紙時爸媽不用出聲，頂多把貼紙遞給孩子，讓孩子自己找正確數字後貼上相同量的點點貼紙。

再貼一次數字貼紙

點點貼紙都貼完後，再換成貼數字貼紙，這時請爸媽都不要出聲提醒。

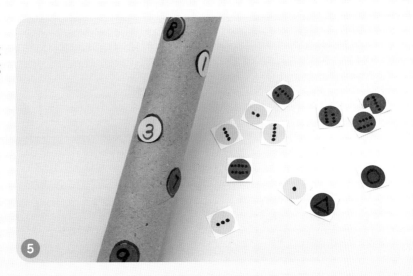

DAY 19 確認學習程度

依序學習數與量、數的順序

 1 請大聲用「一、二、三」數出水果的數量，然後圈出正確的數字

❶ **2**　❷ **4**　❸ **5**　❹ **8**

❶ **3**　❷ **5**　❸ **7**　❹ **10**

解答：214頁

2 請從 1 到 10 按照順序畫出回家的路

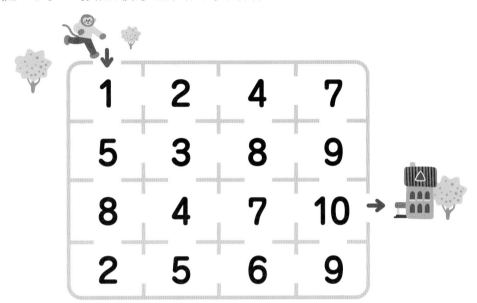

1	2	4	7
5	3	8	9
8	4	7	10
2	5	6	9

3 請把相同的數字連起來

・　　　　　　　・2

・　　　　　　　・8

・　　　　　　　・5

「組合與分解」

DAY 20

{用果凍玩遊戲}
尋找果凍

準備物品 2 個紙杯、果凍。

學習目標 學習數的組合。

遊戲優點 銜接個位數加法的學習。

在這之前我們已經進行很多教孩子用眼睛數數，或數與量一致的遊戲，現在將進入數數的下一階段，靠頭腦想像，認識數的組合。

遊戲這樣玩

準備好道具

請準備 2 個外表不同的紙杯和具體物品（比如果凍）。

放入果凍

在紙杯中個別放入 2 個和 3 個果凍，輪流拿給孩子讓他數杯內的果凍數。

蓋起紙杯

把 2 個紙杯蓋起來不讓孩子看到果凍，問孩子果凍總共有幾個。

接下來不再是一個一個數，而是組合和分開的數，能加速孩子理解與計算加法、減法。這個遊戲不是看著數數，而是**透過想像來進行算數。**

家長可透過本書介紹的組合和分解遊戲，讓孩子充分了解和練習，才能打好孩子運算的基礎。

確認答案

拿出紙杯裡的果凍來確認答案，等孩子熟悉後即可試著增加數量。

進階玩法

確認完孩子的回答後，也可趁孩子不注意時把其中一個紙杯蓋回，問孩子有幾個果凍在杯裡。

DAY 21

{用珠子或小飾品玩遊戲}

珠子來分堆

準備物品 橡皮筋（或繩子）、珠子、寫上數字的貼紙。

學習目標 學習數的分解。

遊戲優點 孩子容易理解、一眼可看出答案。

數的分解是在總數不變的狀態下，分成兩部分的數。用珠子手鍊進行分解遊戲時，能讓孩子一眼就可看懂，且容易理解。

✏ 遊戲這樣玩

準備好道具

請準備橡皮筋（或繩子）、珠子還有各別寫上 1～10 數字的貼紙。

從數字 2 的手鍊開始分堆

和孩子一起拿起 2 的手鍊，以貼紙為中心點，將珠子分開，呈現 1 和 1 的樣子給孩子看。3 的手鍊也以相同方式進行，分成 1 與 2 或 2 與 1，把兩種方式都呈現給孩子看。

套入珠子，做成手鍊

和孩子一起把數字貼紙貼在橡皮筋上，套入數字上的珠子數製作成手鍊。最好從 1 到 10 都製作。

 給爸媽的教導指引

　　0 不是自然數。雖然國小 1 年級時從 0 開始 學「1 + 0 = 1」、「1 - 0 = 1」，但以具體對象來進行組合和分解時，要把 0 給排除在外，**因為 0 是無法用具體物品數出來的數。**

　　舉例來說「試著用 4 個零食來分解」只會得出 1、3、2 和 2，不會有 0 和 4。

讓孩子自己練習分堆

從 4 的手鍊開始讓孩子自己分堆，爸媽在一旁觀看即可。若和孩子一起分堆時，可以教導孩子 1 與 3、2 與 2 和 3 與 1 數字往上的分堆規則。

**結束後可以讓孩子
嘗試寫下**

結束遊戲後，也可以讓孩子寫出分出來的數，若孩子覺得困難，爸媽也可以幫忙孩子寫上他所說的數。

學習日期：_____月_____日

「組合與分解」

{用衣架玩遊戲}
曬衣夾數數看

準備物品　衣架、曬衣夾、月曆數字。

學習目標　認識組合與分解。

遊戲優點　道具易取得，幫助孩子了解日常中的數學。

　　運用家中常見的生活用品，孩子就會了解日常生活與數息息相關，減少排斥感。在整體總數不變下，進行組合和分解學習，孩子能自然的記住。

遊戲這樣玩

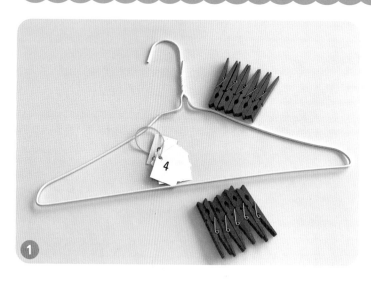

①

準備好道具

請準備衣架、曬衣夾和月曆數字。先和孩子一起把月曆數字從 1 到 10 唸一遍。

③

以數字 5 為中心點

把月曆數字 5 放在衣架的中央，由爸媽先夾上一個曬衣夾，然後問孩子要符合數字 5 的話，還需要幾個夾子。

②

實際夾給孩子看

得到正確的答案後，夾給孩子看從 1 開始到 5 需要幾個夾子。

站在家長的立場,想要準確的理解現在國小低年級數學的教學概念是很難的,但這不是至關重要的條件。

家中有低年級孩子的父母都可能會遇到這個問題,並還要按照剛開始接觸數學的孩子的程度來進行教學。舉例來說「在分解、組合中並不會使用到 0」,如果家長能正確的理解這個概念,就能教導孩子,**不需要因為不知道學校的教法而有壓力。**

5 能分解成那些組合

完成夾上 5 個夾子後,利用 5 個夾子再次跟孩子說明可分解的組合:1、4 / 2、3 / 3、2 / 4、1,最好能用不同的方式來呈現。

把另一半的數字遮起來

若孩子已經理解,可以把另一半的數遮起來,讓孩子能看到前面的數後思考,說出遮起來的數字組合。可以和孩子一起把答案寫下,然後不停反覆練習。

「組合與分解」

DAY 23

{用瓶蓋玩遊戲}
來蒐集瓶蓋

準備物品 瓶蓋、筆。

學習目標 認識組合與分解。

遊戲優點 瓶蓋廢物利用，容易製作教具。

　　數的組合和分解是對了解個位數進位加法、個位數退位減法相當重要的章節。利用家中常見的瓶蓋，在上面貼上貼紙後教導孩子組合和分解的遊戲。

遊戲這樣玩

準備好道具
請準備瓶蓋和筆。

在瓶蓋上寫數字
準備 2 組寫上 1～9 數字的瓶蓋。

讓孩子選出一個數
例如 5，爸媽拿 1 放在 5 的旁邊然後問孩子「1 和什麼才會變成 5」。

組合、分解最好以不同階段的方式來練習。

3 可以很直覺的數出來，一開始可以先從 3 的組合、分解，慢慢給予孩子概念和自信；再來 5、7、9，漸漸增加數字來增加難度。

利用周圍數字持續接力

讓孩子在周圍的數字中找出想要的數字來進行遊戲。

延伸學習

若孩子拿 4 放在旁邊，這次爸媽拿 2 然後問「2 和什麼才會變成 5」讓孩子找答案。

數越大，周圍的瓶蓋就越多

數越大周圍聚集的數越多。從 1 開始慢慢練習組合，打好基礎。

「組合與分解」

DAY 24

{用撲克牌玩遊戲}
堆疊卡片塔

- （準備物品）撲克牌。
- （學習目標）認識數的組合與分解。
- （遊戲優點）變化玩法，刺激孩子的注意力。

這次用撲克牌來結合孩子所學的數，玩總和 10 的遊戲。這類遊戲與計算相結合，能幫助孩子自然的記住並將之影像化。

遊戲這樣玩

❶

準備好道具並一起觀察

準備一副撲克牌。找出並攤開其中一組花色的 1 ～ 10。請先和孩子一起觀察撲克牌並認識上面的數字。

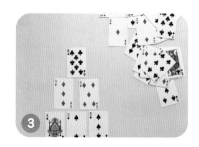

❸

從數字小的排開始

爸媽先拿出 1、2、3，問孩子這些數聚集起來會成為哪些數，並讓孩子在混合的卡片中找出另一花色的數字。

❷

一起來堆卡片

如蓋塔般往 3 張卡片上方堆疊，若孩子不知道如何進行，爸媽可以協助一起玩。

這個遊戲是比寫練習題還要好的學習方法。數學是有趣的科目，但過度單純的重複或不斷寫練習題，反而會讓孩子產生對數學的排斥。

利用普通的撲克牌卡來學習組合，讓孩子有遊戲的感覺進而能愉快的學習。重複練習數學固然重要，但依照不同的方法而**會有不同學習的結果。**

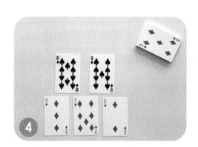

用不同的數來堆卡片

可以增加遊戲難度，這樣孩子的組合實力會越來越快。

隨機將第一行卡片翻面

等孩子熟悉堆卡片遊戲後，請將第一行的卡片隨機翻面，讓孩子看上面的總和來推測蓋起來的卡片數。此一卡片遊戲可同時進行組合和分解，請常常練習。

DAY 25

{用樂高玩遊戲}
疊座樂高金字塔

「組合與分解」

準備物品 樂高積木、筆或數字貼紙。

學習目標 認識數的組合與分解。

遊戲優點 變化玩法，刺激孩子的注意力。

　　遊戲方式與 Day 24 相同，但換成用家裡的玩具作為教具。在樂高上貼有數字的貼紙，練習以兩數的總合來蓋金字塔。透過遊戲來學習數的組合和分解，可以讓孩子對數學更有興趣，並樂在其中。

遊戲這樣玩

①

準備好道具

請準備樂高積木和筆。

③

從 1 和 2 開始

在任意散落的數中，爸媽先找出 1 和 2，並將積木並排排列，讓孩子找出這兩個數在一起後會變成什麼數。若孩子找到寫有 3 的積木，則要他把積木放在 1 和 2 積木的上方。

②

寫上數字或貼數字貼紙

請讓孩子自己用筆在積木上寫數字，或貼上數字貼紙（1～10），提高孩子參與感。

這是與 Day 24 相同的遊戲。也不一定要使用卡片或樂高，**可以用各種不同的東西來玩遊戲**。舉例來說：Day 23 與 Day 24 使用的是聚焦於組合、分解學習的穩定物品，以後也可以使用衛生紙捲筒來推疊，混合出堆疊遊戲。

跟孩子一起找尋周圍玩具或生活用品來應用的話，也能成為教導孩子的創意教育。

底層數字必須最小

最底層的數字必須要少，才能繼續往上蓋。

繼續接力下去

請繼續在 1 與 2 旁邊加上 3 以下的數。

升級遊戲玩法

都蓋完之後，也可以把最底層的積木移開，升級成讓孩子找出空缺數字的遊戲。

「組合與分解」

DAY 26

{用糖果玩遊戲}
分糖果遊戲

準備物品　2 個 10 格的雞蛋盒、10 顆糖果。

學習目標　認識數的分解。

遊戲優點　把複雜的數學簡單化。

數的分解最困難之處是要區分出差異。請用兩個雞蛋盒來做差異的練習，除了差異的部分，其他都要相同。

遊戲這樣玩

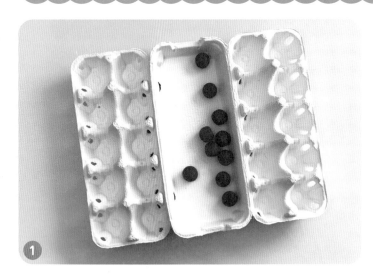

①

準備好道具

將 2 個雞蛋盒並排並準備 10 顆糖果。

③

爸媽可以提供範本給孩子

當孩子在思考過後，爸媽可說「你要不要看看我的方法」，然後做給孩子看。並跟孩子說「因為要多給弟弟 2 個，所以我們先把 2 個拿出來」。

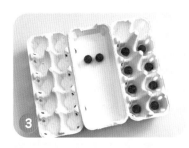

②

開始分配糖果

爸媽問孩子「10 顆雞蛋要和弟弟分，多給他 2 個的話，那兩個人各可以拿到幾個」，孩子一開始會比較辛苦，但請爸媽想不同的方式進行分配。

表現出數差異的分解，實際上是相當困難的觀念。當詢問整體數和兩個差異數時，通常會用許多種方法來找答案。在孩子知道「總和」與「差」的情況下，玩這個遊戲是可以**讓孩子進而了解差和剩下數之關係的方法。**

若要用一句話來說，這個遊戲是「多拿的先拿、剩下的平分」。這並非孩子可以馬上就理解的內容，所以請多次教導孩子。

平分剩下的糖果

把剩下的 8 顆糖果，左邊右邊各放 4 顆，跟孩子說「剩下的 8 顆糖果是兩個人一起平分的」。

請多多練習

如果孩子還是不太懂的話，請再把糖果放到原本位置，多舉一些不同數的差異反覆練習。

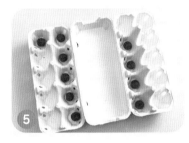

說明差異跟相同之處

在各 4 顆糖果的雞蛋盒中，把多的 2 顆放到弟弟那邊。跟孩子說明除了有差異的 2 顆以外，事實上其他都是一樣。

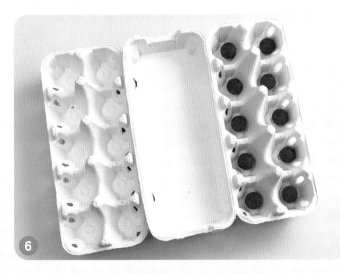

「組合與分解」

DAY 27

{用黏土玩遊戲}
蓋印章遊戲

準備物品 黏土、樂高積木。

學習目標 認識一半與兩倍的概念。

遊戲優點 把抽象概念影像化。

　　兩倍是指有另外一份相同的量；一半則是把物品分成兩份。對孩子來說，奇數的一半意義比較難理解，所以不太合適，因此說明一半時請盡量用偶數進行。

遊戲這樣玩

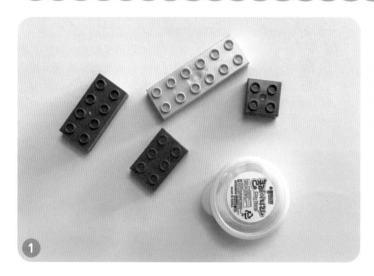

準備好道具

請準備黏土和各種大小的樂高積木。這是利用樂高突出處做為印章的蓋印章遊戲。

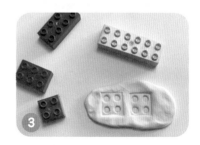

鋪平黏土並蓋上樂高

請先把黏土鋪平，和孩子一起用樂高在黏土上蓋章，仔細看看會出現什麼樣的形狀。

兩倍就是兩個一樣的印章

若孩子蓋了 4 格的綠色積木，爸媽也請在旁邊蓋一個相同的形狀。兩倍的意思就像爸媽與他蓋了一樣的印章。

國小數學的課程中沒有明確教導一半或 2 倍的單元，但透**過培養對數的感覺，往後記憶各種計算方法會有所助益。**

舉例來說：知道 6 的 2 倍是 12 的孩子，若問他 6 加 7 是多少時，他會知道是比 6 的 2 倍還要多 1，因此會很自然的回答 13。

把蓋好的黏土對折

請再次把黏土捏平，這是換只蓋一次 4 格綠色積木，爸媽用黏土把一半形狀遮起來，教導孩子一半的意義。

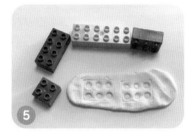

換爸媽先蓋，孩子再蓋

再來爸媽依序在黏土上蓋各種不同的積木，讓孩子找出跟爸媽一樣的積木然後蓋在旁邊，這時爸媽可問孩子「6 的兩倍是多少」。

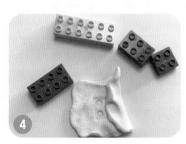

爸媽提問，孩子回答後再折黏土

在進行蓋下一個積木時，爸媽可問孩子「8 減少了一半是多少」。若孩子說出答案並把黏土折起來，爸媽可說「原來 8 個一半是 4」，來回應孩子。

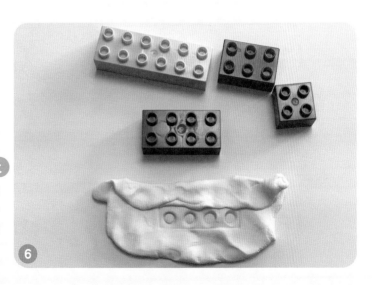

DAY 28 確認學習程度

學習組合和分解

1 請觀察香蕉和吃完的香蕉皮，圈出原本有的香蕉數量

（ 1　2　3　4　5 ）　　（ 1　2　3　4　5 ）

2 當裝有糖果的碗再放入糖果時，請圈出放入糖果後的糖果數量

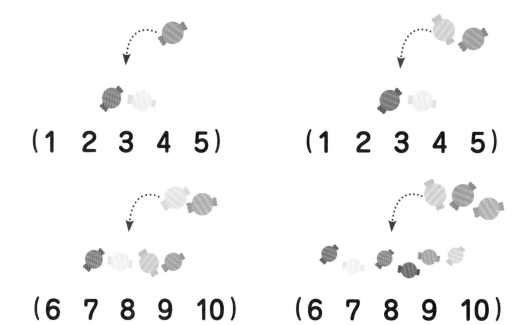

（ 1　2　3　4　5 ）　　（ 1　2　3　4　5 ）

（ 6　7　8　9　10 ）　　（ 6　7　8　9　10 ）

解答：215頁

3 蘋果被吃掉了，請圈出剩下的蘋果數量

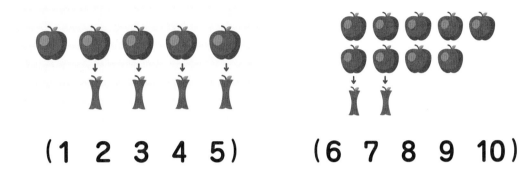

(1　2　3　4　5)　　　(6　7　8　9　10)

4 連連看，請找出與 ⑤ 中相同數字的兩串珠子

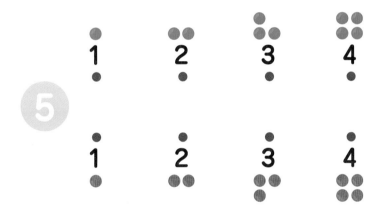

5 請找出比 ▢ 多 2 倍的積木數，用 ▢ 框起來

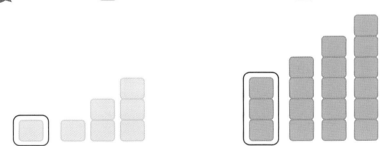

DAY 29

{ 用衛生紙捲筒玩遊戲 }
加法遊戲

準備物品 紙箱（或紙盒）、2 個衛生紙捲筒、月曆數字、珠子、10 格雞蛋盒。

學習目標 認識個位數加法。

遊戲優點 實體化呈現兩數相合。

　　加法的意思是兩者相合。若只讓孩子強硬記住加法符號，反而會讓孩子感到困難。因此要把加法是兩者相合的正確意義，以遊戲的方式教導給孩子。將兩邊衛生紙捲筒中出現的數相加之後產生的新數，透過實體化的呈現，能讓孩子正確了解加法的意義。

✏ 遊戲這樣玩

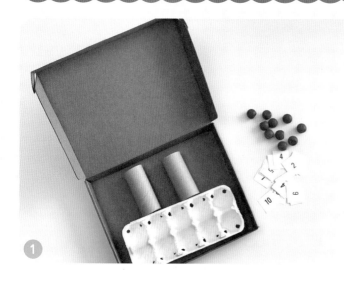

①

準備好道具

請準備好紙箱、衛生紙捲筒、月曆數字、珠子、雞蛋盒。

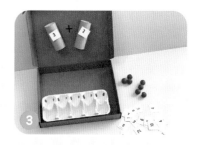

③

貼上月曆數字，並投入珠子

把月曆數字貼在兩邊的衛生紙捲筒上，邊說明邊要孩子把對應的珠子投入衛生紙捲筒。

將紙捲筒黏在紙箱蓋上

將 2 個衛生紙捲筒黏在紙箱蓋上，並在中間畫上加號。

「＋」只是符號，實際上和組合是一樣的。請簡單的和孩子說明組合和加法的差異。**組合是眼睛可看到的物品，無法使用 0；但加法可以使用 0**，可以用遊戲的方式來試試「0＋1」、「0＋2」的問題給孩子看。

但如前面所提過的，組合時不會使用 0，它只是學習數學時的基礎，並非孩子一定要知道的重要規則。

爸媽補充說明，協助孩子了解

當珠子通過衛生紙捲筒進入箱子後，爸媽可用「從左右洞裡進來的珠子，都合在一起了」來說明。或者也可以在放入珠子前，要孩子猜猜看答案會是什麼。

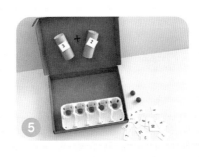

最後跟孩子說明加法就是數的相合

重複幾次後，爸媽可把加法就是左邊珠子和右邊珠子一起合起來的意思告訴孩子。總合 5以上的數，對孩子可能會有直覺理解上的困難，這時可放在雞蛋盒中練習數數。

利用雞蛋盒檢查答案

將珠子放入雞蛋盒裡來看看孩子是否答對。

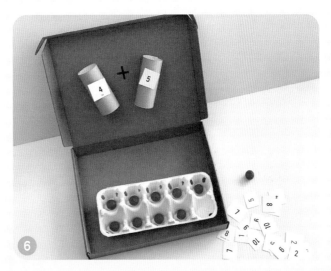

「個位數加法」

DAY 30

{用打洞機玩遊戲}
要打幾個洞

準備物品 打洞機、彩色紙、筆。

學習目標 認識個位數加法。

遊戲優點 實體化呈現兩數相合。

這個遊戲可以讓孩子更了解加法的意義並讓孩子自己重複數數。用打洞機在紙上打洞，當孩子看到數相合的結果之後，會更了解加號的作用。

遊戲這樣玩

① 準備好道具

請準備打洞機和彩色紙。

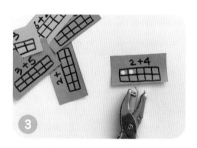

③ 讓孩子用打洞機作答

讓孩子選一張彩色紙，然後問他該題目的答案是什麼，接著說「那我們用打洞機來看看答案是什麼」，讓孩子自己一個一個打洞。

② 畫出 5x2 的方格並出題

在彩色紙上畫出像雞蛋盒一樣長 5 格、寬 2 格，共 10 格的方格，讓孩子在不超過 10 的範圍內，寫上符合孩子程度的各種加法問題。

用一起來玩的方式教數學，有時會覺得孩子是看具體物品來回答，或擔心孩子是否不擅長數學。

我常被會讓孩子寫練習題的家長問類似以下的問題：「孩子在寫練習題時遇到加法會用手指，我家的小孩是不是不擅長數學？」**其實只要不斷的練習，日後自然而然就不會使用手指計算。**就算是以遊戲為主的數學，經過不斷練習後也會自然變快、舉一反三。

認識加法

請讓孩子知道自己用手打的洞，和加起來的數值是相同的。

5

一邊打洞，一邊念出數字

每當打洞機打洞時，爸媽也一起大聲念出，一起自然的練習數數。

4

多做練習，幫助學習

讓孩子了解往上多一個數就會多一個洞，來進行更多不同的練習。

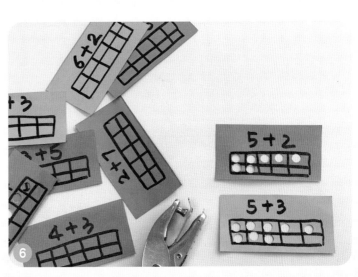
6

「個位數加法」

DAY 31

{用曬衣夾玩遊戲}
曬衣夾加法

準備物品 月曆數字、衣架、曬衣夾、紙杯。

學習目標 認識個位數加法。

遊戲優點 實體化呈現兩數相合。

幼兒期的孩子最喜歡拿實體的東西來玩。媽媽牌教具的目的，就是讓孩子知道生活周遭的事物與數學相關。媽媽用每天都會用到的曬衣夾和孩子玩遊戲，能自然的增加孩子的加法實力。

遊戲這樣玩

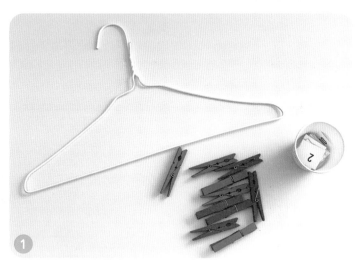

①

準備好道具

請準備月曆數字、衣架和曬衣夾。

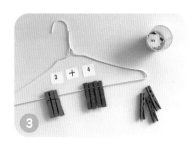

③

請讓孩子自己夾曬衣夾

孩子答錯也沒關係。這時讓孩子自己在衣架，夾上符合 3 和 4 月曆數字的曬衣夾數。

②

隨機抽出題目

將月曆數字裝進紙杯後混合並隨機抽出數字。若孩子抽出數字 3 和 4，那麼就可問孩子「這兩個數，合起來是多少」，然後等待孩子回答。

理論上數學的**加法與減法可分成 4 大類**。請照下述適合的情況說故事給孩子聽，並問孩子加法的問題。

① 增加的情況：樹枝上原本有 4 隻鳥，後來又飛來 1 隻鳥，現在樹枝上一共有幾隻鳥呢？

② 合併的情況：院子裡有 2 隻狗和 2 隻貓，現在院子裡共有幾隻動物？

③ 減少的情況：3 顆蘋果吃了之後剩 2 顆，還沒吃之前總共有幾顆？

④ 比較的情況：哥哥有 1 顆珠子，弟弟比哥哥多 2 顆，那麼弟弟有幾顆珠子呢？

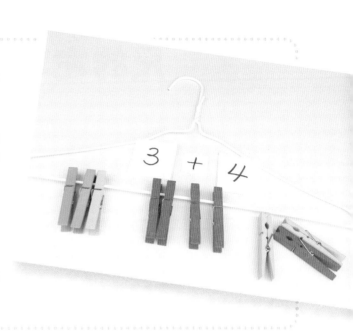

數數曬衣夾有幾個

把曬衣架合併後一起數共有幾個。把 5 這數字實體化後練習數數，便可同時練習到加法、組合與分解。

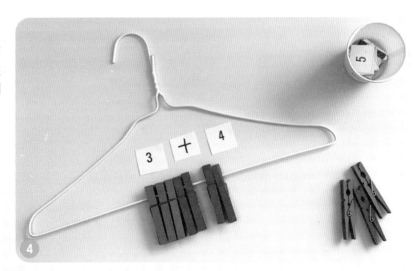

重複練習，能幫助學習

請多重複幾次，幫助孩子瞭解加法。

DAY 32

「個位數加法」

{用尺玩遊戲}
尺的左右

準備物品	4 個曬衣夾、10 公分的尺、2 顆骰子。
學習目標	從橫向了解加法的呈現。。
遊戲優點	對之後學習心算有幫助。

　　從原本的直向垂直線了解數字排列的大小，現在改由橫向的水平線找答案。心算不是自然就會的，而是要透過各式各樣的活用才能了解。

遊戲這樣玩

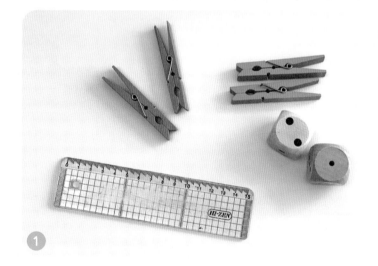

①

準備好道具
請準備 4 個曬衣夾、10 公分的尺和 2 顆骰子。

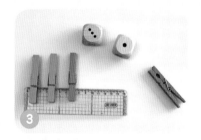

③

先擲出兩個數字
讓孩子先擲出 2 顆骰子的數字（5、2），先用曬衣夾夾在 5 的位置，再用另一個曬衣夾夾在 7，告訴孩子 5 和 2 的總合是 7。

②

換媽媽來擲
這次換夾出媽媽所丟的 2 個骰子數（1、3）。

讓孩子了解從垂直的計算到橫向跳格數數的概念，是很好的一件事，這樣只**要會數數就能進行加法、減法。**把 5 和 3 的總合想成是先向右移動 5 格、然後再向右移動 3 格的概念。

移動數越多就能獲勝

爸媽幫孩子確認位置是否正確後，看誰的總合最多。這是用曬衣夾標示出雙方數字位置，看誰移動數值最多就贏的遊戲。

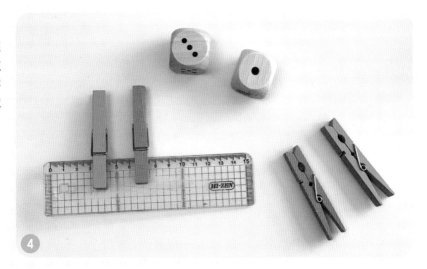

④

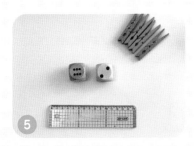

⑤

可以多問孩子，讓孩子思考

請重複利用 2 顆骰子來擲數字，並在移動曬衣夾前先問孩子是否知道答案，如此一來能訓練孩子心算的能力。

DAY 33

{自製算盤}
攜帶式加法教具

「個位數加法」

準備物品 塑膠蓋、珠子、粗鐵絲、透明膠帶。

學習目標 從橫向了解加法的呈現。

遊戲優點 可以帶出門，隨時隨地都可玩。

前面我們已經玩過垂直的直向遊戲，現在換成看到數字後讓孩子先心算，然後移動具體物品的遊戲。請把道具製作成攜帶式，讓孩子隨時隨地都能玩加法遊戲。

遊戲這樣玩

❶

準備好道具
請將珠子穿過粗鐵絲後，水平固定於塑膠蓋背面。下方留白處請貼上透明膠帶使該位置平整光滑。

❸

數字可越來越大
再來寫下較大的數「5 ＋ 4」，來問孩子。若孩子說的答案正確，讓他移動上方的珠子來確認答案。

❷

爸媽寫下題目
爸媽在下方空白處寫上「2 ＋ 3」後，問孩子答案。若孩子答對，讓他移動上方的珠子來確認答案。

利用橫向方式來學習加法、減法的遊戲能增加孩子對數的概念，數有依照順序不斷延續的性質。

從 Day 32 用尺學習的加法遊戲，到 Day 33 直接製作的橫向加法遊戲，讓孩子**熟悉橫向依序增加的自然數**，對日後了解自然數間的質數或分數有所助益。

可以變化成方程式填空

等孩子熟悉遊戲後，爸媽可以先寫 5 後問孩子「如果總合是 7，那麼空格應該要填入多少數字」。若孩子覺得困難，可使用上方的算盤來教學。

對日後心算很有幫助

寫上數字的算盤不僅能讓孩子練習找數字，也對心算有幫助。

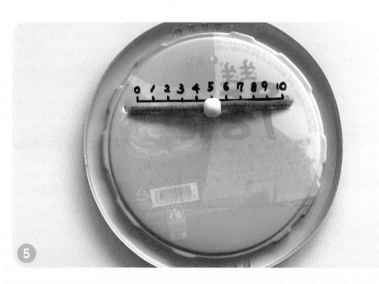

DAY 34

確認學習進度

學習個位數加法

 1 請於空格處填入正確答案

① 4 + 2 = ☐　　② 3 + 1 = ☐

③ 0 + 3 = ☐　　④ 6 + 1 = ☐

 2 請看圖回答問題

① 圖中的紅氣球和藍氣球一共有幾個？ ☐

② 圖中的藍汽球和綠氣求一共有幾個？ ☐

3 請寫出兩個圖形重疊部分的數之總和

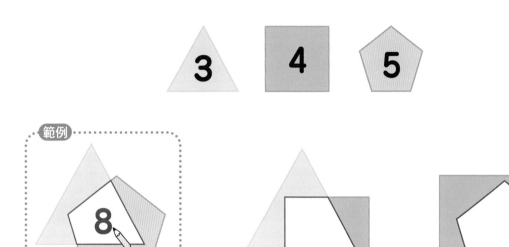

3　4　5

範例

8

3+5=8

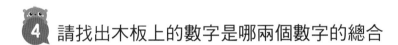 **4** 請找出木板上的數字是哪兩個數字的總合

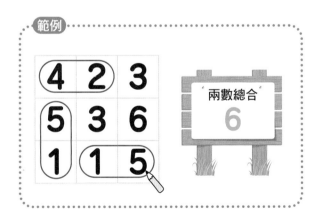

範例

4	2	3
5	3	6
1	1	5

兩數總合
6

2	6	4
5	4	7
4	3	1

兩數總合
8

 5 柵欄裡有 3 隻貓、4 隻狗，
請問一共有幾隻貓和狗？

「個位數減法」

DAY 35

{用黏土玩遊戲}

減法遊戲

準備物品 黏土、紙杯。

學習目標 學習個位數減法。

遊戲優點 孩子會喜歡的好玩遊戲。

這次是學習減法概念的遊戲。孩子可以透過這個遊戲，了解減法的基本觀念，也是能讓孩子一下子壓力全消的好玩遊戲。

遊戲這樣玩

①

準備好道具

請準備好黏土和 Day 11 時所使用的轉轉紙杯。

③

減法符號就是消除

在紙杯上標註減法符號，一旁放置製作好的小球，減去時請用拳頭或手指將球捏扁。這時請爸媽告訴孩子減法符號的意思就是消除之意。

一起做黏土球

和孩子一起用黏土做成小球。

②

減法對初次學習的孩子來說是很難的一件事。剛開始學習加法和減法時，要放置具體的物品，並按照數數的過程來計算；減法則是反過來數數計算，**孩子對照樣數的計算方法較為熟悉，但要孩子反過來數卻不容易。**

　　因此減法比加法還要困難，教導減法所花的時間會比加法還多，請多花點時間和孩子一起度過學習難關。

移走壓扁的黏土與減去的數

當然到這還沒結束！這時把壓扁的黏土和減去的數移開，詢問孩子「要成為 7 的話必須要多幾顆」或「我們剛才從 7 這邊拿走幾顆」讓孩子在簡單的遊戲中建立思考。

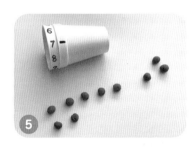

5

請耐心等待

等待孩子回答後，再放回黏土球來確認答案。

4

可重複多次進行

請轉動紙杯重複進行遊戲。問孩子簡單的問題，如「從 3 減去 2 是多少」，並等待孩子回答，孩子回答不出來的話請再次以黏土遊戲示範。

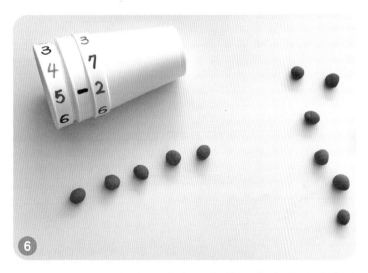

6

「個位數減法」

DAY 36

{用冰棒棍玩遊戲}
冰棒棍減法遊戲

準備物品 冰棒棍、曬衣夾、貼紙。

學習目標 學習個位數減法。

遊戲優點 變化遊戲類型，幫助孩子學習。

雖然很希望孩子能藉由減法遊戲一次就了解減法，但事實上必須不斷的重複遊戲來練習。透過冰棒棍和曬衣夾進行的遊戲，可以幫助孩子快速上手。

遊戲這樣玩

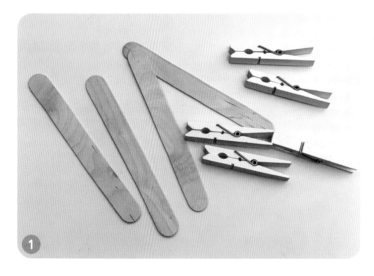

準備好道具
請準備冰棒棍、曬衣夾和貼紙。

讓孩子選想要的冰棒棍
讓孩子選好想要的冰棒棍後，唸出上面的數字。要孩子試著把3消除1，等孩子先想一下答案後，再用曬衣夾把其中一點夾起來。

貼上貼紙、寫上對應數字
在冰榜棍上貼上不同數量的貼紙，並在一側寫上對應數字。以相同的方式準備好幾個不同數字的冰棒棍。

阿拉伯數字「1、2、3……」與中文大寫數字「一、二、三……」對孩子來說都是第一次學習。

可以先教孩子**認識阿拉伯數字，再一一對照中文大寫**。孩子或許沒有辦法看一次就會，需要反覆練習，才不會忘記！

難度由淺入深

先從簡單的數開始後逐漸往上加深難度。問孩子 5 消除 3 的話是多少，先聽完孩子答案後再一起確認。

也能反過來玩加法

進行不同減法遊戲後，試著問孩子「要怎麼樣才能讓 4 恢復呢」，和孩子一邊數曬衣夾後，一邊移除來恢復原本的數。讓孩子看到減法變成加法的一刻。

可以多多變化玩法

請以簡單的問題讓孩子反覆進行此遊戲，雖是簡單的遊戲但卻能有多種不同的運用。

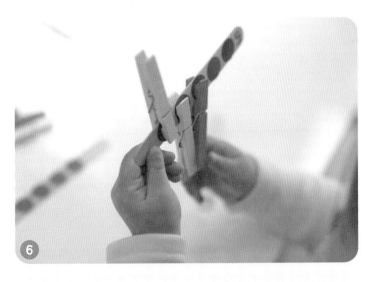

{用雞蛋盒玩遊戲}
雞蛋盒與圍棋

「個位數減法」

準備物品	10 格雞蛋盒、圍棋。
學習目標	學習個位數減法。
遊戲優點	變化遊戲類型，幫助孩子學習。

利用雞蛋盒和圍棋完成的簡單又有趣的學習法，把最常用到的雞蛋盒拿來利用在減法教學中。如同前面的遊戲，要教導孩子正確的減法意義。

遊戲這樣玩

準備好道具

請將雞蛋盒反過來，突起的底部朝上，一旁也把圍棋準備好。

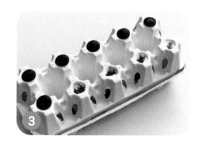

確認剩下數量

確認一下剩下的圍棋數量。會利用雞蛋盒是因為它以 5 個為一列，方便孩子作直覺的計算。

底部突起處放上 8 個圍棋

這時可以跟孩子說「幫我把 2 個拿掉」，孩子只要確實有把 2 個圍棋往雞蛋盒孔內塞即可。

加法、減法的理解方法如下：

① 請利用數的順序，透過前一個數或下一個數的概念來進行加法、減法。

② 數量較多的數為大數，數量小的數為小數。讓孩子知道**比 1 大 1 的數是加 1、比 1 小 1 的數是減 1 的概念**，來進行加法、減法。

③ 若孩子已熟悉按照順序數數，可利用數數的概念來進行跳 2 數順著數或跳 2 數倒著數，對孩子數數會有幫助。

以白棋代表減去的棋子

再問孩子「9 減到多少會變 6」、「6 要變 9 的話需要多少」，等待孩子思考後，以白色棋子擺放孩子的答案來確認是否正確。

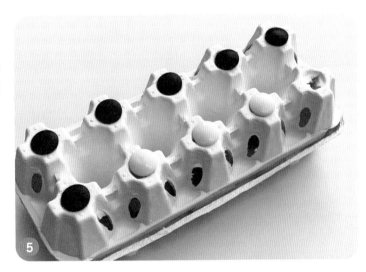

試著回答減法問題

請試著和孩子一起回答其他問題「9 減掉 3 是多少」，孩子有立刻說出答案嗎？如果沒有的話，請讓孩子慢慢地把棋子塞進盒內。

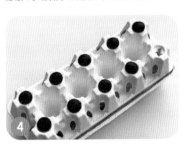

請多鼓勵孩子思考

使用實體物品時，要先讓孩子思考過後，再進行動作。

{用髮圈玩遊戲}
髮圈套套看

準備物品 冰棒棍、髮圈、剪刀。

學習目標 學習個位數減法。

遊戲優點 激發創意、給孩子不同視角。

　　媽媽牌遊戲的目的是鼓勵孩子跳脫框架，擁有不同的思考和視角。日常的物品也有多種用途，用冰棒棍和髮圈竟然也能成為教導減法、加法的道具！這麼一來孩子會多注意周遭物品，讓物品與有趣的遊戲作連結來開拓視野。

遊戲這樣玩

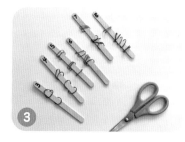

準備好道具
請準備冰棒棍和髮圈。

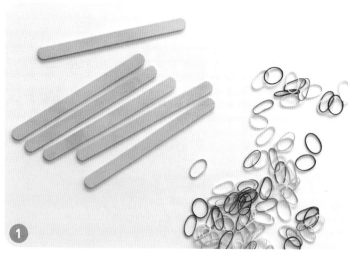

準備好剪刀
請準備兒童剪刀來作計算減法的工具。

套上髮圈
請先在冰棒棍一端寫上數字，讓孩子套上相同數量的髮圈。為了要多多計算，請多準備一些髮圈。

用講巴說出來的數學有趣嗎？試著不用書本、教具，只用問答的方式來出加法、減法的問題，沒想到孩子竟覺得更有趣。

這是因為沒有東西，**都得要靠自己的想像進行，當然也會讓孩子更加專心。**若能好好使用這方法，就能讓孩子反覆練習較弱或覺得困難的部分。

根據題目剪下髮圈

先讓孩子挑選想要的棍子後，問孩子「5 減去 3 是多少」，並等待他回答。得到答案後再用剪刀剪髮圈來確認答案。

也能根據題目套上髮圈

做完減法後，也能練習加法；這時爸媽可以出題「要再多幾個髮圈才會變回 5」，並讓孩子套上髮圈。

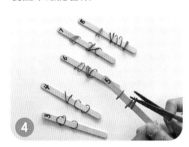

請讓孩子反覆練習

直到可自行用剪刀剪、重新套上髮圈。反覆進行遊戲才能建立數的概念。

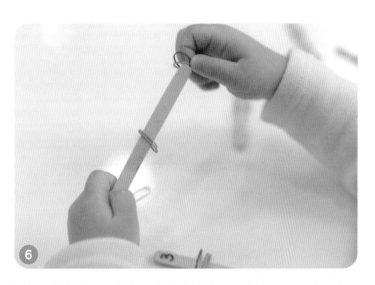

「個位數減法」

DAY 39

{用衛生紙捲筒玩遊戲}
保齡球遊戲

準備物品 10 個衛生紙捲筒、小球。

學習目標 學習個位數減法。

遊戲優點 趣味性很高，孩子更容易記住。

孩子都很喜歡的保齡球遊戲！用家中常有的衛生紙捲筒，讓孩子了解減法的意義，不用死背，而是以遊戲來記住。

遊戲這樣玩

準備好道具

請準備 10 個衛生紙捲筒和一顆小球。

③

詢問孩子倒下幾個

將 10 個衛生紙捲筒作為保齡球瓶，然後把球像保齡球一樣擲出。看到沒有倒的衛生紙捲筒時，爸媽可以問孩子「10 個裡面有 8 個沒倒，那倒了幾個」。孩子若答不出來，可以和孩子一起數站立的衛生紙捲筒。

②

先數數看捲筒數量

先和孩子數一次衛生紙捲筒的數量後再開始玩。遊戲是最棒的學習！

這時期是孩子對**車子有濃厚興趣**的時候。可以訂出「今天我們來找數字 4」的規則,讓孩子找出路上車牌中有數字 4 的車子,這樣一定能成為最受孩子歡迎的遊戲。

車牌數字遊戲可隨著年級不同而有不一樣的遊戲變化。

可以再做延伸問題

等結束用口說的遊戲後,把孩子沒打倒的數量寫下,然後問孩子「10 個裡面有 4 個沒倒,所以倒了幾個」讓孩子來類推。

可改變衛生紙捲筒的數量

請試著隨意調整成 10 以外各種數量的衛生紙捲筒,和孩子隨機進行減法遊戲。把沒倒的數寫在紙上,然後讓孩子自己去找答案。

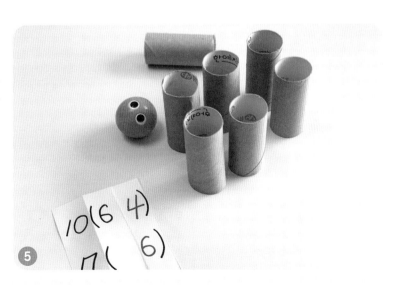

學習日期：_____ 月 _____ 日

DAY 035
~ DAY 039

確認學習進度
學習個位數減法

 1 請於空格處填入正確答案

❶ 6 – 1 = ☐　　　❷ 8 – 4 = ☐

❸ 9 – 6 = ☐　　　❹ 7 – 6 = ☐

 2 請計算後連出正確的答案

6 – 1　　4 – 3　　6 – 4　　3 – 0

• 　　•　　•　　•

•　　•　　•　　•

1　　**2**　　**3**　　**5**

解答：216頁

3 請寫出鉛筆比橡皮擦多幾個

① [鉛筆和橡皮擦圖示]

② [鉛筆和橡皮擦圖示]

4 請看圖回答問題

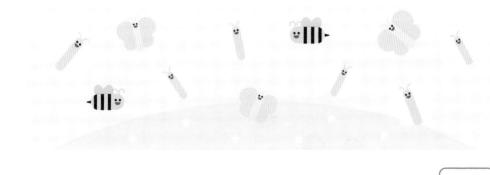

① 圖中的白蝴蝶比黃蝴蝶多幾隻？

② 圖中的蝴蝶比蜜蜂多幾隻？

5 往上走8階樓梯後往下3階樓梯，
和往上走了幾階樓梯是一樣的？

{用紙杯玩遊戲}
單與雙的遊戲

學習日期：＿＿＿月＿＿＿日

「數的性質和變成10」

準備物品　10顆圍棋、2個紙杯。

學習目標　學習單數和雙數。

遊戲優點　淺顯易懂，道具容易取得。

　　透過把具體物品的數混合後分類，可以讓孩子了解數的規則和單、雙數的正確概念。把從1到10為止的數分類出單數、雙數後，就能知道數是怎麼樣連結。準備好10顆圍棋後我們就開始吧！

遊戲這樣玩

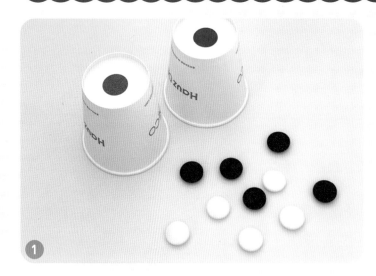

準備好道具

請準備2個紙杯和10顆圍棋。當棋子數為雙數時，教導孩子雙數的概念；棋子數為單數時，教導孩子單數的概念，然後開始進行遊戲。

分為藍紙杯與紅紙杯

爸媽把10顆棋子分別放入紙杯中，在打開藍色紙杯前先問孩子：「是單數還是雙數呢？」

回答後再確認答案

等孩子回答單數或雙數後，打開紙杯並確認棋子，確認時請把棋子兩兩排放整齊。

0是雙數嗎?沒錯,0是雙數。雙數、單數的定義因定數範圍而定,所以 0 為雙數。但國小數學以自然數為範圍,不會看到稱 0 為雙數,因為自然數是指 1、2、3 等這類具體可數的數,換句話來說就是**國小數學的雙、單數,以具體物且可成雙的數為對象。**

　　隨著學年的增加會學到更難的分數、小數,但要深入學習的數的性質,是以自然數為對象。

這次請分配成單數

再重複進行一次,這次請把杯中的數量分配成單數。

也能同時知道
另一個杯子的答案

這麼一來就能知道看不見的紅色杯子是單數還是雙數,和孩子一起確認棋子數量。

請重複進行幾次

孩子很快就會知道 10 是由雙數和雙數、單數和單數組合成的。

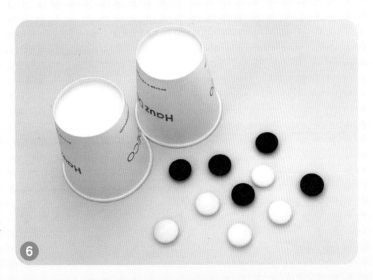

「數的性質和變成10」

DAY 42

{用吸管玩遊戲}
找數字遊戲

準備物品 稍有厚度的紙（或紙箱）、膠帶、尺、繩子、吸管、筆。

學習目標 理解數的大小。

遊戲優點 做成教具後方便攜帶。

在前面我們透過數的一致與一對一的對應方法，了解到比較數大小的基本概念。這次的遊戲再次從橫向數列，讓孩子更加具體的認識數的大小，明確了解數的範圍。這個遊戲還能輕鬆的帶著它到處玩，相當方便。

遊戲這樣玩

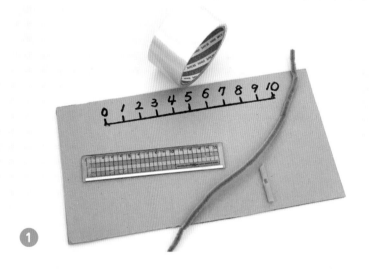

❶

畫出水平線與數字

和孩子一起在厚紙板上畫出水平線，讓孩子在線上寫數字，告訴他數字往右會越來越大。

❸

在 0 和 10 的位置穿洞

繩子穿過洞後，先穿過一截吸管後再穿到紙板上，讓孩子移動吸管來找數字，掌握數字的位置。板子下方請貼上膠帶。

❷

答案寫在膠帶處

爸媽說「請找出比 5 大的數」，這時孩子把吸管移動到 5。待孩子找到答案後，寫在下面膠帶處即可，若答案都正確便可用濕紙巾把文字擦掉後，再重新出題。

媽媽牌數學的優點是可以完全集中在一個孩子身上，因此教育難易度也是依照孩子的理解程度來配合。除此之外，更透過直接製作教具來觀察孩子學習，只要照著教具提出問題的話，孩子就能看著教具找出正確的數。如問「7比5大多少」若孩子覺得問題太難，可以改問「從5要移動幾格珠子才會到7」，讓孩子能善用教具來思考。

為了開發孩子的數學思考能力，不能只讓他們學習簡單的題目，最好能先從基本問題開始、從旁觀察並讓孩子自己有所發現。站在教育的立場上，爸媽也要多問孩子問題，經歷錯誤後才能知道孩子的狀況，知道如何教導孩子。

可多變化題型

接下來找 2 和 7 之間的數，若孩子不太會可再穿入一截吸管，標示出精確的範圍。尋找指定範圍內的數是很常見的問題，請多出不同的題型。

尋找限定範圍內的數字

請爸媽再出題「請告訴我 2 和 4 之間的數」。

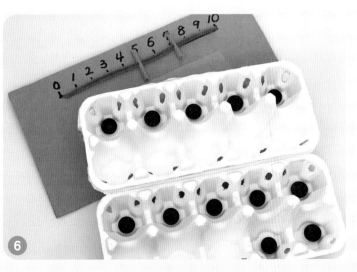

也可搭配圍棋和雞蛋盒

爸媽看著孩子指定的數（5、7）後，問孩子「7 比 5 大多少？」若孩子不知道，可以把圍棋放入雞蛋盒中，用比較的方式告訴孩子答案。

「數的性質和變成10」

DAY 43

{用撲克牌玩遊戲}
找出最大數

準備物品 1副撲克牌、2個紙杯。

學習目標 理解數的大小。

遊戲優點 有策略性的遊戲，刺激孩子思考。

　　這次用撲克牌比大小，出示數字較大的人可拿走卡片。兩人都有10張數字卡，使用過的卡片無法再使用，所以不僅眼睛要快還要想戰略。孩子一開始玩時都會先出大的數字卡，但這樣真的會贏嗎？

遊戲這樣玩

準備好道具

請準備一副撲克牌和2個紙杯。爸媽拿黑桃1到10的撲克牌；孩子拿紅心1到10的撲克牌後開始遊戲。

卡片數字大的人獲勝

看誰出的卡片數字比較大，較大的人可把自己的卡片放到紙杯中。

翻牌比大小

兩人一起數「一、二、三」，然後各自翻開1張牌。

給爸媽的教導指引

　　通常爸爸跟孩子玩遊戲時，都不會手下留情，反倒是媽媽會為了能和孩子有趣的玩樂，而常常睜一隻眼閉一隻眼。每個家庭的父母個性不同，也會有不同的差異。

　　或許當和孩子玩角力或電腦遊戲時，適當的輸給孩子是很好的事，不過，**邏輯性的戰略遊戲最好不要對孩子放水**。這是每次出一張卡片的公平遊戲，如果孩子一直輸的話，能讓他自我思考。就算是玩剪刀、石頭、布，孩子也不太容易贏大人，通常是因為孩子心理戰較脆弱，或是容易被看穿。與其看到孩子的弱點而故意放水給他，倒不如讓他知道哪裡做錯會比較好。這類型的遊戲相當簡單，或許孩子會比想像中還快知道如何進行，說不定沒多久後就比父母還要厲害。

卡片數字相同，請放旁邊

如果兩人出的卡片數字相同，請把卡片放到旁邊。

最後拿到卡片數較多者獲勝

10 張卡片都出完後，看看紙杯裡誰的卡片比較多。等到熟悉遊戲後，也可增加到 20 張卡片。

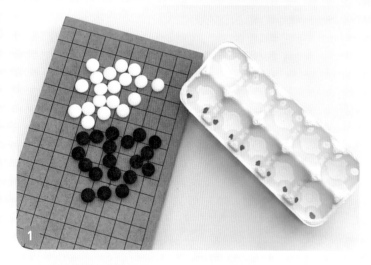

DAY 44

{用圍棋玩遊戲}

數字進位遊戲

準備物品 圍棋盤、圍棋或具體物品、10格雞蛋盒。

學習目標 理解數的進位與退位。

遊戲優點 將數以 5 為基準，容易記住。

以下是變成 10 的遊戲，這在學習進位、退位中有很重要的角色。和 Day 13 的遊戲一樣，分成 5 個一堆來數；把 10 分成 2 個 5 來讓孩子認識，也就是 10 分成 2 組 5 個一列來進行遊戲。

🖊 遊戲這樣玩

準備好道具
請準備圍棋盤、圍棋、雞蛋盒。

排列圍棋
將圍棋按照不同的數排列。

將圍棋放入雞蛋盒
爸媽請先把圍棋放入 10 格的雞蛋盒中。也就代表當雞蛋盒內都有東西時，就是 10 的個意思。

國小時期學會計算相當重要。計算是數學的基礎，而且一直到考大學前，必須經過十幾年的反覆應用，計算差的學生會比其他學生需要更多時間或常有較多失誤。

小學學習計算中最重要的是什麼呢？我覺得**是學習分解和組合，看學生在計算時錯誤的部分，錯在加法、減法的，比錯在乘法、除法的還要多。**大家都會背九九乘法表所以不太會出錯，但左右加法、減法精確度和答題速度的，則是分解和組合。

對照圍棋盤與雞蛋盒

把圍棋盤上的 2 個棋子移到雞蛋盒內，問孩子「如果要變成 10 的話，還需要放入幾個」。若孩子看著空格回答也沒關係；孩子答不出來就等他把剩下的空間放滿。

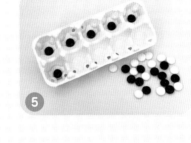

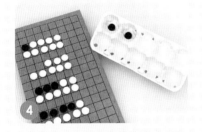

在雞蛋盒中遊戲

結束和圍棋盤的對照後，請在雞蛋盒中遊戲。爸媽可以問孩子「媽媽放了 6 個，要變成 10 的話，還需要幾個」，然後等待孩子回答。

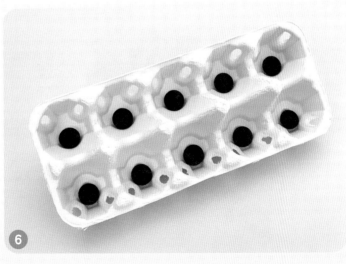

也可以結合卡片一起玩

重複玩以上的遊戲。也能結合 Day24 的數字卡遊戲，幫助孩子理解十進位的概念，能讓孩子更快記住。

DAY 45

「數的性質和變成10」

{用曬衣夾玩遊戲}
曬衣夾數字遊戲

準備物品 衣架、曬衣夾、數字卡片。

學習目標 理解數的進位與退位。

遊戲優點 道具容易取得，簡單好玩。

只要了解 10 的進位，20 和 30 也不是問題，也會理解更大的數。因此變成 10 的這部分很重要，需要用各種不同的遊戲讓孩子多練習並將它影像化。

遊戲這樣玩

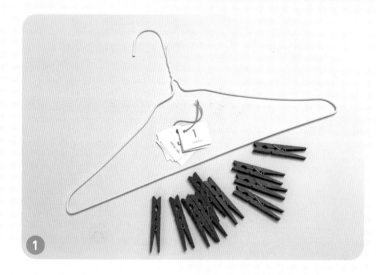

準備好道具
請準備衣架、曬衣夾和數字卡片。

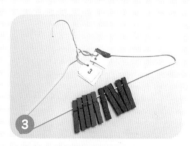

將數字貼在衣架上
把月曆數字 3 貼在衣架上，然後問孩子「要變成 10 的話，還需要多少」。

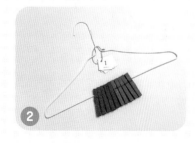

把曬衣架夾上衣架
準備好 10 個曬衣夾，讓孩子邊數邊把曬衣夾夾在衣架上。

當孩子對「0是雙數還是單數」、「什麼是負數」、「怎麼計算除法？」等內容好奇時，父母會怎麼做呢？學校裡若教「請寫出比 5 小的雙數」，只會寫出 2 和 4，因此**不需要特別去教孩子 0 是雙數。**

　　負數和除法也是一樣，不過孩子對數學有興趣，看了書後想進一步了解而向父母提出問題，這時父母就有正確教導孩子的必要。雙數的話可以這樣回答孩子：「等你上了國中會學到 0 是雙數，但國小主要只教眼睛看的見、可用手數出來的數為主，因此 0 既不是雙數也不是單數。」

利用曬衣夾實作

等待孩子回答後，把 3 個曬衣夾往旁邊稍微分開一些，並問孩子「這裡有 3，那還需要幾個才能變 10」讓孩子數出剩下需要的數量，然後把數字卡翻到正確的數字。

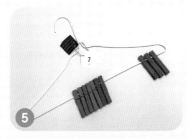

換成數字 7

讓孩子看數字 7，之後問孩子要多少才能變 10，「原來 7 和 3 見面的話就會變成 10」，這樣孩子就會知道自己所找的數字能組合出 10。請重複進行這個遊戲過程。

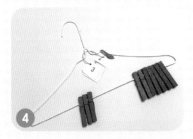

請反覆練習，直接移走曬衣夾

移走 6 個曬衣夾後，剩 4 個曬衣夾，問孩子要多少才能變成 10。可隨時把衣架掛在周圍，和孩子反覆練習到孩子將它影像化。年紀越小的孩子，答案盡量不要超過 5。

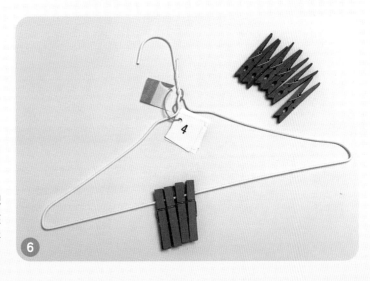

{用紙杯玩遊戲}
紙杯數字遊戲

準備物品　3 個紙杯。

學習目標　理解數的進位與退位。

遊戲優點　孩子可以自己玩。

這個遊戲可以讓爸媽在旁邊看著就好。Day 15 時我們玩過找出和數一樣的點。這次利用數和點相連來變成 10。請再次利用之前用過的紙杯。

遊戲這樣玩

①

準備好道具

需要三個杯子。

③

爸媽可以出題

所有的數字為隨機填寫，爸媽可在一旁問孩子，能讓 8 相連後變成 10 的數是什麼。

②

畫上數字和點

請在兩個杯子上寫上數字，另一個杯子隨機畫上數字的點。

　　即使我自稱是數學教育專家，面對「我家孩子 7 歲，要讓他寫什麼習題比較好」的問題時，還是會覺得很難回答。**因為每個孩子的性向都不同**，孩子一直以來所學的內容不同，也會有很大的差異，雖然**很難有完全符合標準的數學教育**，但能解決 70 ～ 80% 的問題也還算可以。

　　太簡單會學不到東西，太困難又會讓孩子不感興趣，因此請準備符合孩子思考程度的教育。

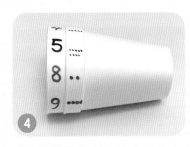

可搭配月曆數字

爸媽拿 6 給孩子看，並問「請找出和 6 加一起，能變成 10 的點點」，孩子找到的話，接著說「請把那個點點數放在 6 的旁邊」。以這樣的方式進行變成 10 的各種遊戲，讓孩子找出數。

更換杯子的上下順序

進行完一輪後，請更換杯子的順序（點點杯在上、數字杯在下），若孩子還是能正確找到，就代表他已經完全理解。孩子可以持續轉動來作簡單的練習。

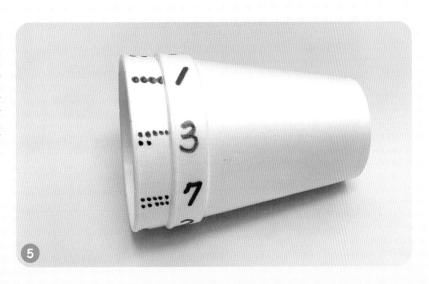

{用紙杯玩遊戲}

連結數字

「數的性質和變成10」

準備物品	打洞機、較硬的厚紙、繩子、簽字筆。
學習目標	理解數的進位與退位。
遊戲優點	能看出前面遊戲的學習效果。

　　這是可以確認孩子是否理解十進位的遊戲，能不能看到數字就能認出來。孩子在進行計算時不可能一直用手指，如果變成 10 的影像已經深植腦中，那麼能結合數字是相當重要的階段。年紀較小的孩子請從較小的數字開始進行。

遊戲這樣玩

① 準備好道具

請準備打洞機、較硬的厚紙、繩子、簽字筆。

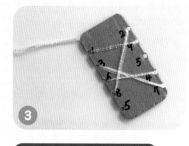

③ 開始玩變成 10 的遊戲

先從 1 開始。問孩子「1 和多少連起來會變成 10」。問完後，請給孩子充分的思考時間。

② 先從找相同數字開始

為了讓孩子能很快了解新的教具，可以先進行找相同數字的遊戲。

給爸媽的教導指引

請一定要讓孩子自己出題，因為同一邊有 1 和 9 的話是無法變成 10 的，連結不成立，代表孩子一定要正確的知道變成 10 的數，才能出題。**比回答別人問題還要厲害的，就是自己直接出題、互相出題的方式。**透過這過程不僅能充分的理解，也能用有趣的方式學習。

補習班課程不會選擇這樣的教學方式，因為無法只針對一兩個孩子來上課，再加上管理困難，有許多問題要解決，所以補習班會選擇量而不重在質。在家學習時請試試讓孩子自己出題，這樣不僅能感受到數學真正的樂趣，還能培養出以數學和父母對話的孩子。

可以搭配雞蛋盒

如果孩子有不懂的，可以拿雞蛋盒輔助，協助孩子找答案。

進階成數與點連線遊戲

若結束了數與數的連結，可以改換成數與點的進階連線遊戲。

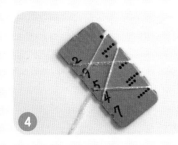

可以重複解答

請重新把繩子解開並反覆出題，到最後可讓孩子自己連結，媽媽在一旁檢查即可。

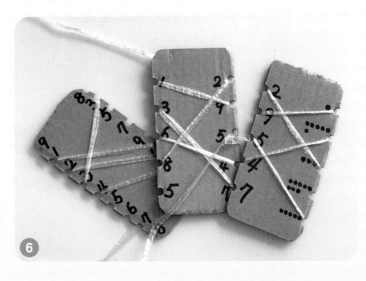

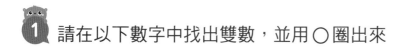

DAY 48

學習日期：_____ 月 _____ 日

DAY 041
~ DAY 047

確認學習進度
學習數的性質和變成10

1 請在以下數字中找出雙數，並用 ◯ 圈出來

① **1**　② **3**　③ **5**　④ **6**　⑤ **9**

2 請在兩個數字中，圈出較大的數

① **2　7**　② **6　3**　③ **9　8**　④ **4　5**

3 有 10 根香蕉，香蕉皮代表被吃掉的香蕉數。
被吃掉的香蕉數請用 X 標示；剩下的香蕉數請用 ◯ 圈出來

| 1 | 2 | 3 | 4 | 5 | 6 | 7 | 8 | 9 | 10 |

解答：216頁

 4 連連看，請找出加起來為 10 的積木

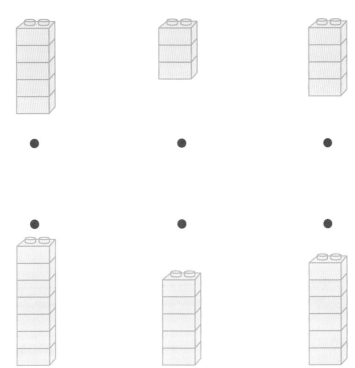

 5 連連看，請找出加起來為 10 的兩個數字

「兩位數」

DAY 49

{ 用便利貼玩遊戲 }

便利貼遊戲

準備物品 便利貼、筆、剪刀。

學習目標 理解兩位數。

遊戲優點 清楚看出兩位數的數字組合。

現在來讓孩子練習讀出 10 以上的數。請準備許多張便利貼，其中一張寫 10，然後教孩子依照不同個位數字，和 10 搭配起來會有什麼不一樣的遊戲。在練習兩位數之前，請先帶著孩子練習數數，例如 20 是 2 張 10 等。

遊戲這樣玩

準備好道具

請準備便利貼、筆和剪刀。

由孩子拿出正確的個位數

爸媽從 11 到 19 中隨機唸出一個數字時，孩子就必須拿出正確的個位數，貼在十位數的便利貼上面。也請進行角色互換，讓孩子說數字，爸媽來黏貼。

將便利貼對半，分成十位跟個位

請先在一張便利貼上寫 10，再將其他便利貼對半後剪下，並寫上剩下的數字 1～9，寫完後請黏在旁邊。

正確了解兩位數的意義雖然重要，但先會念兩位數也沒有關係，就像是爭論先有雞還是先有蛋一樣，當孩子熟悉數的念法後就會發現個位數、十位數的規則，甚至能更進一步的了解意義。

爸媽可以用一個簡單的遊戲來讓孩子記住兩位數，那就是爸媽和孩子來回數數，爸媽 1、孩子 2、爸媽 3、孩子 4，這樣交替數到 100，喜歡和爸媽一起玩遊戲的孩子在知道規則後，會更加有趣。此外**數到 100 也能讓孩子對數的排列概念有幫助**。不妨在客廳玻璃上排出 10 個一列，排出從 1 到 100 的數，讓孩子仔細看和讀來加深記憶，並掌握數字的結構。

也可以製作點點卡

孩子若答得很好，可以把便利貼製作成點點卡來黏貼。

4

孩子可以讀到 99

這樣的話，孩子甚至能把 90 以上的數讀出來。請爸媽每隔幾天就更換十位數的數字。

5

另外製作以 10 為一組的點點卡

請把以 10 為一組的點點卡，貼在便利貼 10 的下面，和孩子一起觀察數字的變化。

6

「兩位數」

DAY 50

{用衛生紙捲筒玩遊戲}
長短捲筒

準備物品 衛生紙捲筒、廚房紙巾芯、筆。

學習目標 理解兩位數。

遊戲優點 孩子可以自己玩。

在 Day 49 遊戲中我們學會了用便利貼來讀兩位數。這次則是用衛生紙捲筒和廚房紙巾捲筒芯來閱讀。利用轉動長短不同的兩個芯所進行的簡單遊戲，孩子能獨自專心的閱讀，或是由媽媽在旁邊轉動。如果上個遊戲是練習慢慢讀，那麼現在就是學習快速閱讀。

✏ 遊戲這樣玩

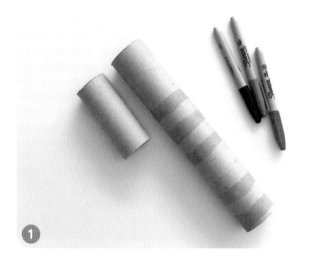

❶

準備好道具

請準備衛生紙捲筒、廚房紙巾捲筒芯和筆。請在相同一邊的末端寫上數字 0～9，並把衛生紙捲筒塞進廚房紙巾捲筒芯內。

❸

變更十位數

變更十位數後繼續閱讀數字練習。

❷

爸媽先操作，再由孩子自己操作

由爸媽先轉動紙巾捲筒然後唸 10 以上的數，孩子知道如何進行後則讓他自己轉動，並嘗試唸出來。

我認為數學遊戲的最終目標，就是父母和孩子能直接的進行數學對話。建立**小時候不是用解習題，而是以遊戲來進行數學的關係。**

就算不是全家人，只要父母能成為陪伴孩子玩數學遊戲的對象，那該有多好？這樣的祕訣就在於調整難易度。可以用猜謎為開始，或是說話的遊戲，如坐車時看到字的組合後創出自己的名字、文字接龍、或是一起創造疊字類的遊戲開始，再進行簡單的數學解題遊戲。把困難的問題放在最後，先進行有趣的問題會比較好。孩子年幼時雖然是父母出習題，等到孩子大了之後自己也會搶著出習題。

指定數字，由孩子轉動

等孩子唸到一個段落後，爸媽可訂出一個數字問孩子：「13 是怎麼樣的組合呢？」看看孩子是否轉到正確數字。

在 35 時暫時停住

讓孩子看如何用具體物品來表現這個數，像這樣反覆進行後，兩位數對孩子來說將會相當容易。

「兩位數」

DAY 51

{用**筆記本玩遊戲**}
找位置遊戲

準備物品	空白筆記本、膠帶、麥克筆、貼紙。
學習目標	理解兩位數。
遊戲優點	清楚分類個位數雨十位數的位置。

孩子很常會把 53 寫成 35，若讓孩子清楚了解兩位數意義後，即使是三位數也能理解。請在空白筆記本上畫出個位數欄位和十位數欄位，這麼一來孩子就知道要變成 10 後就必須寫在十的位置。

遊戲這樣玩

準備好道具

請準備空白筆記本、膠帶、麥克筆。

在貼紙上寫下 1 和 10

請準備好寫上 1 和 10 的貼紙，在筆記本畫好兩位數的位置後，於下方填空處貼上透明膠帶。

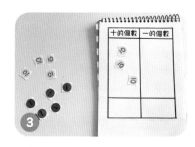

10 貼紙請放在「十的個數」欄

在寫「十的個數」貼上 3 個 10，然後跟孩子說「這裡有幾個 10？有 3 個，那我們把 3 寫在下面」。

教導數學中最需要注意的，是孩子誤以為自己已經理解了。因為無論任何學科，不可能會在沒有任何資料和背景知識的狀態下自己理解。

如果有父母擔心「數學要自己解題才能增加實力」而猶豫要不要教導的話，父母應該要先把這個觀念改掉。**孩子要先了解概念和原理後，透過自己解題的過程多加練習，把它變成自己所學的**，而不是要孩子自己了解概念和原理。當然當孩子想法停住時，再次從一到十親切的說明會讓孩子的自尊心下降，也可能會讓小孩變被動，至少要等待孩子回答、有一起思考的過程，並要讓孩子想出最後過程的答案。

請爸媽說明

爸媽邊說「有 3 個 10、5 個 1，所以寫出 35」，也可以反問孩子 3 個是指什麼、5 個又是指什麼。

把 1 貼紙放在「一的個數」欄

再問孩子「那有幾個 1 ？有 5 個，那我們把 5 寫在一的個數下面」。

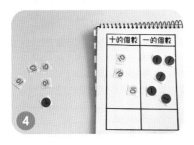

填空處貼膠帶後可重複填寫

填空處貼上膠帶後就直接用麥克筆寫、再用濕紙巾擦拭，可進行許多次練習。

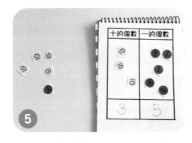

學習日期：_____ 月 _____ 日　　「兩位數」

{用筆記本玩遊戲}
分解數字

從上個遊戲中孩子知道了如何組合成兩位數。現在我們逆向操作，先把兩位數寫好後，讓孩子回推數字位置的遊戲。

遊戲這樣玩

①

準備好道具
利用 Day 51 的物品來進行。

③

看到數再找貼貼紙
如果說 Day 51 的遊戲是看貼紙，合起來寫成數的話，那麼這次則是看到數後，回推找貼紙的遊戲。請在筆記本下方空白處寫上兩位數 34。

②

爸媽協助教導
爸媽指著下方的 34，跟孩子說「這樣會有幾個 1」、「4 個」、「那可以幫忙拿 4 個 1 貼在一的個數位置嗎」來教導。

有時孩子對問題型的數學題目理解較差，會因此要求他多閱讀，這不算完全正確的做法。對國小低年級、較晚開始識字的孩子來說是正確的；但若孩子已經能獨立閱讀童話書，唯獨文章類的數學習題理解力較差的話，就不應該用閱讀來解決。

數學是個有規則的學問，擁有不同的情況和條件。**閱讀很好但對數學習題沒轍的孩子，需要的是多解各種不同類型的數學習題**，更重要的是要真正了解題意，因為國小高年級的問題型數學習題，會比國小低年級更加困難。

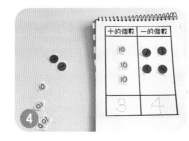

爸媽協助教導

再對孩子說「那有幾個 10」、「3 個」、「幫忙拿 3 個 10 貼在上面」。

請重複練習

請多次以不同的數字進行遊戲，讓孩子看到兩位數時能知道各數字的位置。

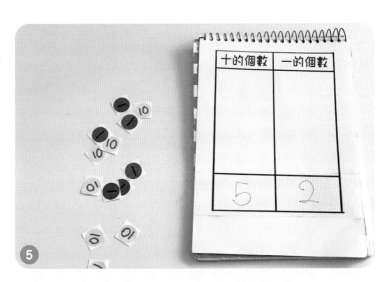

DAY 53

{用筆記本玩遊戲}
猜數字

準備物品 2 個紙杯、數字貼紙、空白筆記本。

學習目標 理解兩位數。

遊戲優點 幫助孩子不混淆個位與十位數。

　　請準備 2 個紙杯，一個在十位數寫上 1～9 的數，一個在個位數寫上 0～9 的數。給孩子看已準備好的多張 10 的貼紙和 1 的貼紙，這是用紙杯來找正確數字的遊戲。

遊戲這樣玩

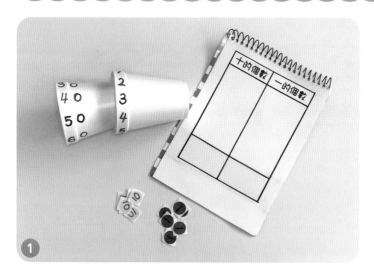

①

準備好道具

準備的 2 個紙杯中，一個寫上 1～9（十位數）；另一個寫上 0～9（個位數），也請準備貼紙和筆記本（Day 51）。

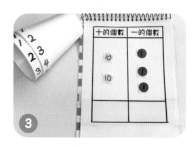

③

用貼紙出題

給孩子看 2 張 10 的貼紙和 3 張 1 的貼紙，然後問孩子「這裡的數一共是多少」孩子回答後，就讓他轉紙杯來找答案。

②

利用筆記本仔細說明

若孩子不知道，請告訴他有幾個 10、幾個 1。放在之前筆記本的格子上給孩子看，然後再次教導他。

數學是個有趣的學問。透過學習概念和原理就能了解新的組合和規則,並能解答題目。年紀較大的孩子在學習數學時也許會因為答題而獲得成就感,但年紀較小的孩子不會想到這些。

家長在教導孩子的當中,會發現孩子喜歡透過遊戲或以活動的方式進行的功課,來學習新東西;也喜歡在回答老師的問題或解決題目的過程中感到快樂。從這過程中獲得的成就感,有著其他學科難以比較的快樂,但這樣的快樂不是簡單的重覆答題就能得到。爸媽角色中的一部分就是**要能掌握孩子對數學的感受**,**要在簡單學習和困難學習間控制難易度**。依據統計,國小 1 年級學生大部分都覺得數學很有趣,孩子沒有特別聰明或討厭數學,只要按部就班的學習,大部分的孩子認識數學時都會覺得很有趣。

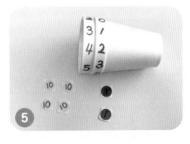

多次練習

給孩子看 4 張 10 的貼紙和 2 張 1 的貼紙,問孩子「這裡的數一共是多少」孩子回答後,就讓他轉紙杯來找答案。

用紙杯作答

請讓孩子轉動紙杯找正確答案。

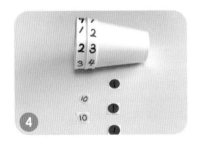

請爸媽表現出好奇的樣子

並不要先說答案,給孩子回答的機會。轉紙杯很快就能得到答案,因此孩子自己也能練習,請一定要等待孩子。

「兩位數」

DAY 54

{用紙杯玩遊戲}
找出一樣的數

準備物品　2個紙杯、貼紙。

學習目標　理解兩位數。

遊戲優點　活用數字、簡單有趣。

　　學會數字的位置後，就會了解 11、21 等其他數，這時直接教導加以活用是很重要的。透過直接連結的遊戲能讓孩子用簡單又有趣的方式理解，讓孩子不會混淆 10 以上的數。

遊戲這樣玩

① 準備好道具

準備的 2 個紙杯，一個寫上 1～9；另一個寫上 0～9，其中十位數的杯子也請一起把個位數寫上。

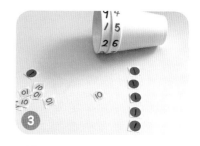

② 準備好貼紙

和孩子一起準備寫好 10 和 1 的貼紙。

③ 先用紙杯轉數字

讓孩子用紙杯轉到 15 後，拿出 10 和 1 的貼紙，問孩子各需要幾個 10、5 和 1。

孩子進入國小前最好要先學會：**第一中文、第二是算數。**孩子會對入學準備相當好奇，雖然這兩樣都是上小學就會學習到的學科，但提前學習對於適應學校生活會有幫助。

　　教科書直接由中文所寫，先學習會有助益；算數則是需要練習，不是學了就會了解，建議先讓孩子準備好。

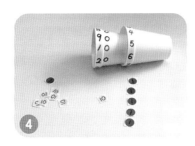

分開紙杯說明

接下來請把紙杯分開，再次告訴孩子對應的數的位置。

可改為邊轉動紙杯邊說出答案

用數字貼紙教學後孩子若熟悉，可改為邊轉動紙杯邊說出答案，之後再打開紙杯確認答案。爸媽先示範一次給孩子看後，再教給孩子，請一定要等待孩子回答。

「兩位數」

DAY 55

{用便利貼玩遊戲}
找出大的數

準備物品　便利貼、2 個冰棒棍。

學習目標　理解兩位數。

遊戲優點　更能清楚分辨比較十位數的數大小。

比較 10 以上的數大小和比較個位數的數大小不盡相同。如果數變大，還要用貼紙一一對應兩位數的話，會花上許多時間。因此學習比較兩位數時，比起利用 10 個為一堆和單個的意義教導，使用教具比較會更方便。

遊戲這樣玩

①

準備好道具

請準備寫十位數的大張便利貼、寫個位數的小張便利貼及 2 個冰棒棍。

③

比較個位數的大小

等待並聽完孩子的回答後，將便利貼分開，教導孩子因為十位數都相同，因此比較個位數的大小就可以。

②

組合成十位數與個位數的便利貼

爸媽在小便利貼上寫下 3 和 7，之後貼在十位數 10 的大便利貼上，製作成 13 和 17 組合的便利貼。把這個給孩子看，問孩子哪個數比較大。

給爸媽的教導指引

這裡再介紹一個可以讓孩子了解數大小的方法，那就是照順序數數。數數時後面出來的數是比較大的。按照順序數，會越數越大；反之則越來越小。一開始對孩子來說，倒著數數是相當困難的一件事，隨著比較大小的數數越來越熟捻後，孩子就能駕輕就熟，而很會數數的孩子能開始了解不同的數。

就像前面提到的，**若孩子熟記到 100 的順序，這樣就能簡單地比較出兩位數的大小**。當然，若問孩子：「按照數的順序數數時，35 到 60 中間有哪些數？」對他們來說會有些困難，給他們看數的排列表或給予充分的思考時間，他們就會越答越快。照順序數數、倒著數數對孩子理解加法、減法會有所助益。

比較十位數不同的數字

這次換貼成十位數不同的 17 和 23 給孩子看，再次問孩子哪個數比較大。

可以再拆解十位數說明

若孩子無法理解，可將 20 變化成 2 個 10 單位的貼紙來進行對照，孩子還是不了解的話，請使用實際物體來教導孩子。

比較十位數大小

等待並聽完孩子的回答後，將便利貼分開，教導十位數的不同，告訴孩子這時應該要比較十位數的大小，而不是個位數。

確認學習進度

學習兩位數

 1 請寫出下圖的數字總和

1

 10元 10元 10元

 1元 1元 1元 1元 1元

☐

2

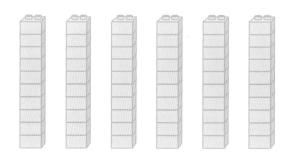

☐

 2 請用○圈出空格的正確數字

31	32	33	34	35	36	37	38	39	40
41	42	43		45	46	47	48	49	50

❶ **24**　❷ **44**　❸ **52**　❹ **60**

解答：217頁

3 下圖有 10 和 1，請用○圈出總和 53

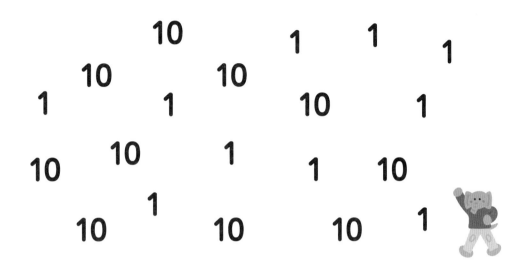

4 下圖以相同的數字組合出 2 個數，請用○圈出較大的數

① 12 21

② 65 56

③ 37 73

④ 49 94

5 請用○圈出最大的數

15   30   26   71   55

DAY 57

「進位的加法和退位的減法」

{用紙張玩遊戲}
紙上加法

準備物品　A4 紙張、剪刀、筆。

學習目標　學習進位的加法。

遊戲優點　從練習把數變成 10 中學習兩位數加法。

有些孩子從學習個位數加法到兩位數加法時會遇到困難，這時讓孩子練習把數變成 10 的遊戲會簡單許多。看到 10 是由許多數加總而成後，就能了解兩位數的複雜計算。

遊戲這樣玩

1

準備好道具
請準備 A4 紙張、剪刀和筆。

3

2

將紙折成四格
將紙張裁切後，每張折成四格。

寫下 10 和個位數
和孩子一起在紙上寫下 10 和個位數，請準備許多張。

「十加幾」的「10 + 6
= 16」計算方式對孩子來說
是容易理解的，因為規則不
難，孩子很快就能知道答案，
但主要是因為它是加法進位
的基本。

先強調 **16 是 10 和 6 的
合後**，計算「9 + 7」時應該
要教孩子「(9 + 1) + 6 =
10 + 6 = 16」，讓孩子知道
這樣的順序。這個遊戲的練
習是以後學習算術的基礎。

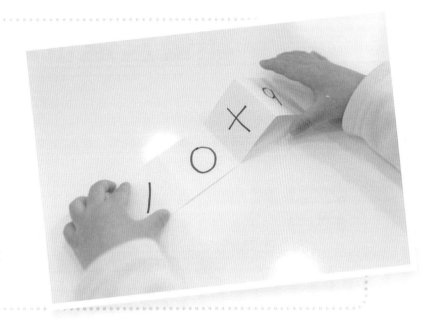

畫上加法

在 10 和個位數中間畫上加法的符
號，畫上加號後再讓孩子讀一次。

4

再次把紙打開

再次把折起來的紙打開，告
訴孩子兩位數各自有何不
同，說明進位的加法只要把
它變成 10，算數就能很簡單。

將紙折起來

把準備好的紙張折起來後讓孩
子讀，邊跟孩子說「把它計算
成 10 之後加法真是簡單」，來
教導孩子。

5

6

「進位的加法和退位的減法」

DAY 58

{用雞蛋盒玩遊戲}
雞蛋盒進位法

準備物品　2 個 10 格雞蛋盒、圍棋、1 ～ 9 的月曆數字。

學習目標　學習進位的加法。

遊戲優點　10 格雞蛋盒有助於孩子了解變成 10 的概念。

把圍棋放入雞蛋盤中教導孩子如何進位，把兩個數裡的較大的那個數當作基準不動、把較小的數變成 10 即可。組合和分解在加法中相當重要，變成 10 也是很重要的部分。若孩子不知道變成 10 的方法，可以再複習上一個遊戲。

遊戲這樣玩

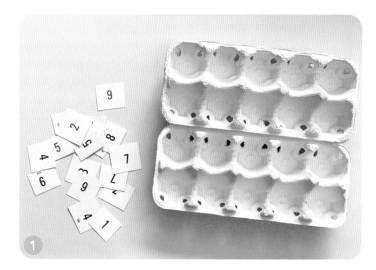

①

準備好道具
請準備 2 個雞蛋盒、圍棋和 1 ～ 9 的月曆數字。

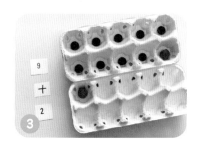

③

善用變成 10 的說明
若孩子不知道答案，請讓孩子注意看 9，並問孩子 9 變 10 時需要多少，然後再讓孩子看剩 1 的空格，這時請從 2 的圍棋中拿一個放入空格。

②

依照數量放入圍棋
選出月曆數字 9 和 2 後，放在雞蛋盒旁，依照數量放入對應圍棋數。

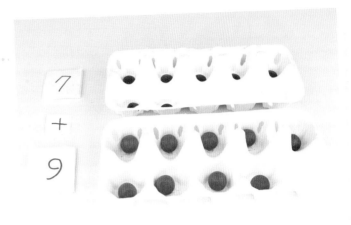

進位的個位數加法有許多種方法。

①$6 + 8 = 4 + (2 + 8)$，像這樣把6的2給8後，讓8變成10，剩下4來計算。

②$6 + 8 = (6 - 2) + 10$，像這樣把靠近10的數變成10後，從6減去變成10所需要的數。

③$6 + 7 = (5 + 1) + (5 + 2) = (5 + 5) + (1 + 2)$，像這樣把比5大的數整理成5加上多少，或是5與5和多的數相加。

一開始時不需要學習這麼多方法，等到孩子熟悉基本計算方法，再依照情況一個一個教導更方便、快速的方法，**這樣不僅能準確的計算，還能培養孩子對數的感覺。**

再練習不同數字

選擇月曆數字7和9後，放在雞蛋河旁，依照數量放入對應圍棋數。

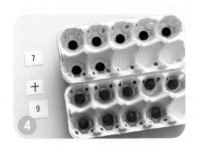

多練習就會變容易

以10格雞蛋盒為基準，這樣孩子就知道盒子滿了就是10。讓孩子多練習變成10那麼進位就會變得容易，請多用不同的數來練習。

移動數字較小的圍棋

跟孩子確認哪裡的空格比較少，然後移動較小數的圍棋，讓大數變成10。

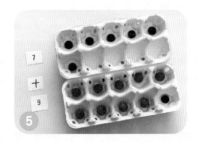

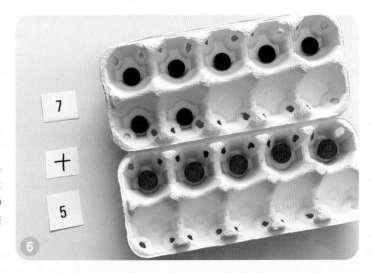

「進位的加法和退位的減法」

DAY 59

{用雞蛋盒玩遊戲}
雞蛋盒退位減法

準備物品 3 個 10 格雞蛋盒、圍棋、便利貼。

學習目標 學習退位減法。

遊戲優點 幫助孩子理解退位的數字變化。

在兩位數的個位數減法中，退位計算最令孩子感到辛苦，因為對孩子來說，較難理解退位的數字變化。我們來利用雞蛋盒和圍棋，幫助孩子確實理解退位計算。

遊戲這樣玩

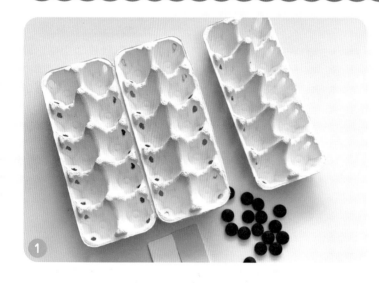

準備好道具

請準備 3 個 10 格雞蛋盒、圍棋和便利貼。

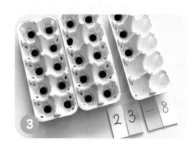

減去 8 時該怎麼做

讓孩子從 23 減去 8。這時請教孩子因為 23 的 3 無法減去 8，所以必須從 20 裡借 10。

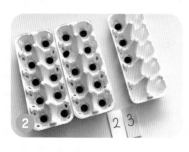

把對應的圍棋放入雞蛋盒中

先把兩位數 23 的對應圍棋數，放入對應的雞蛋盒中，用便利貼分別寫下 2 和 3 後放在下方作比對。和孩子說明 23 中 2 和 3 的位置意思。

退位的個位數減法有許多種方法。

① $12 - 8 = 10 - 8 + 2$，像這樣從 10 減去 8 再加到個位數裡。

② $14 - 5 = 14 — 4 — 1 = 10 - 1$，像這樣先減去個位數的數後，剩下多少再減。

第二個方法**在個位數差異較小時，可精準計算的方法**。請等孩子熟悉第一個方法後，再教導第二個計算方法。

3 會變成 13，20 變成 10

這樣孩子就知道 13 減去 8 會剩下 5。

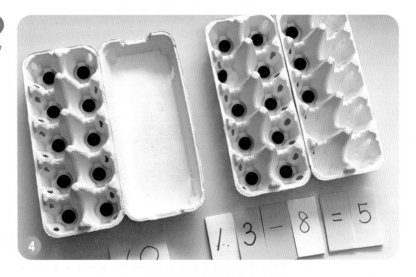

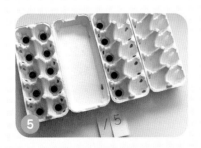

把便利貼 5 貼在 10 位置的個位數

把剩下的便利貼 5 貼在 10 位置的個位數，合成 15。反覆進行此遊戲，能讓孩子簡單地了解減法退位。

「進位的加法和退位的減法」

DAY 60

{用保鮮袋玩遊戲}
保鮮袋進位法

準備物品 保鮮袋、圍棋、便利貼。

學習目標 學習進位加法。

遊戲優點 增加孩子對兩位數的接受度。

除了雞蛋盒，也可以把兩位數的 10 放入保鮮袋加以區分，這樣以孩子的立場來看，就等於是「個位數加上個位數」。

遊戲這樣玩

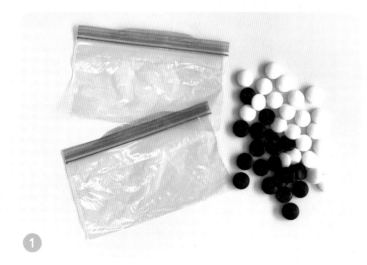

①

準備好道具
請準備保鮮袋和圍棋。

③

寫下兩個兩位數
用便利貼寫下兩個孩子想要的兩位數，在下方堆出對應數的圍棋。

②

將圍棋放入袋中
先試著將 10 個圍棋放入袋中，讓孩子進行計算練習。

就算沒有進位，兩位數的加法對孩子來說也是不容易。在學習 Day 60 遊戲之前，**請一定要先從沒有進位的加法開始練習。**先充分練習沒有進位的問題，熟記數字位置的概念後，再進階到進位算術會比較好。

我也有遇到很會個位數加法進位的孩子，卻在學習兩位數加法時遇到困難，因為從個位數進位到十幾的兩位數，和兩位數間十位數和個位數加法的概念不盡相同。

混合剩下未達 10 個的圍棋

將各自未達到 10 的剩下個位數混合，再以 10 個為一堆。

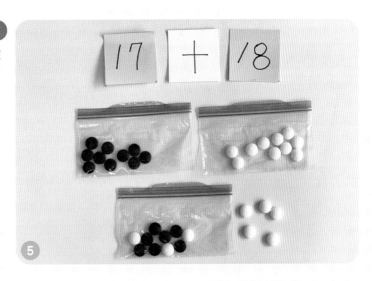

以 10 個為一堆

各自以 10 個為一堆，把圍棋放入保鮮袋中。

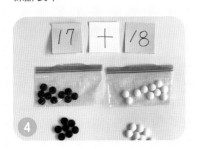

⑤

說明 10 後進位

教導孩子個位數若變成 10 後進位，會進到十位數來計算。

⑥

「進位的加法和退位的減法」

DAY 61

{用便利貼玩遊戲}
便利貼進位法

準備物品 筆記本、筆、便利貼、10 格雞蛋盒、圍棋。

學習目標 學習進位加法。

遊戲優點 利用直視計算認識進位。

用便利貼並透過直式計算，能清楚的看到進位的方式，這對會個位數加法卻不太會兩位數加法的孩子來說，能更簡單地了解進位原理。

遊戲這樣玩

準備好道具

請準備筆記本、筆和便利貼。

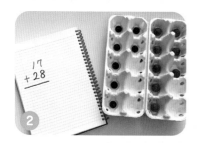

可以搭配雞蛋盒與圍棋

要孩子直接回答「7 ＋ 8」太困難的話，可用雞蛋盒和圍棋來進行變成 10 的加法練習，然後把答案寫在便利貼上。

先詢問個位數加起來是多少

問孩子「17 ＋ 28」裡的「7 ＋ 8」是多少，若對孩子來說太過困難可用較小的數字出題。

直式計算搭配便利貼是個有趣的方式,能教導孩子進位概念。如果孩子在前面的教學中,已經確實理解數的位置概念,那麼在直式計算時,**也能理解個位變成 10 後,下一位數會多 1 的原理。**

　　請在有變化的教法教導孩子,再次加深個位數變成 10 後,進位 1 到十位數的原理。

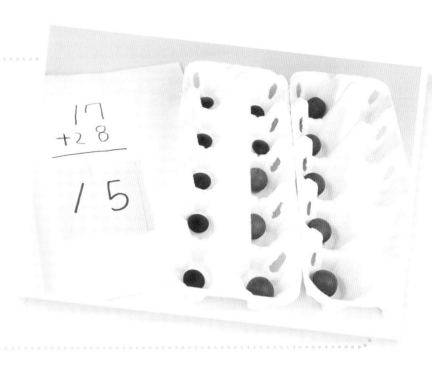

把便利貼剪一半

把便利貼上的 15 剪成一半。

請多多練習

用其他便利貼來寫下孩子說的數字後再次練習,這次也請媽媽補充說明。

個位數留下,十位數進位

這時媽媽示範給孩子看,將個位數留下 5,變成 10 的 1 則寫在十位數進位。

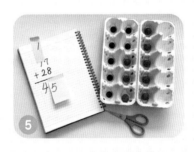

135

「進位的加法和退位的減法」

{用便利貼玩遊戲}

用便利貼學數數

準備物品　大便利貼、小便利貼、麥克筆。

學習目標　複習算數。

遊戲優點　貼在牆上能讓孩子玩得更於愉快。

使用便利貼可以增加孩子心算能力，教學速度也很快速，還能讓孩子越來越有興趣。尤其是像貼紙一樣貼滿整面牆，能讓孩子玩得更加愉快。

遊戲這樣玩

準備好道具

請準備大便利貼、小便利貼和麥克筆。

拿算式去找出正確答案的便利貼

雖然是簡單的算式，但也可能會讓孩子花上一些時間，請給孩子充分的計算時間。

從簡單的加法、減法開始

先在小便利貼上寫算式、大便利貼上寫算式的數值後，貼在牆壁上。一開始請先從簡單的加法、減法開始。

請試著讓孩子從個位數的計算、十位數和個位數的計算、兩位數和個位數的計算、兩位數間的計算，**隨著難易度增加來嘗試。**

若有孩子不太會的階段，請降低難易度後讓他充分練習。

請給孩子多點時間

有進位、退位時孩子可能會花更多時間計算，請給予充分的計算時間。

寫下需進位、退位的算式

結束簡單的算式後，請寫下需要進位、退位的算式後貼於牆上，請給孩子充分的時間來計算和尋找答案。

循序漸進進行

一開始可以先用較少張的便利貼、簡單的計算來進行，等到孩子熟悉後，再增加張數和增加數字的計算，這樣就可以提升孩子的集中力和心算實力。

DAY 63

{用月曆玩遊戲}
用月曆學數數

「進位的加法和退位的減法」

準備物品 月曆、白紙、筆、刀片。

學習目標 複習算術。

遊戲優點 變化不同道具與教法，提升孩子興趣。

　　和孩子在家時，很難一直出不同的問題和心算練習吧？只要有月曆就能簡單的解決這個問題。100 內的數字以 10 為週期進行即可。

遊戲這樣玩

1

準備好道具

請準備月曆和白紙、筆、刀片。

3

先觀察一下月曆數字左右的規則

往右時是＋1，往左時是－1。問孩子「17 的下一個數是什麼」，孩子若回答後，用「原來 17 的下一個數和 17 ＋ 1 一樣」來回應孩子。再接著問「17 的前一個數是什麼」，孩子回答後，用「原來 17 的前一個數和 17 － 1 一樣」來回答孩子。

2

在紙上割出月曆數字大小的洞

然後請在兩側標示－1、＋1，並放在月曆上準備。

現在的入學考試和教育方式，與爸媽上學時有很大的不同，以前只要會讀書就能進入好學校，大學入學的面試只是形式上的程序；**但現在面試對入學有著極大的影響。**孩子長大過程中最需要的是**品行教育**和**專長教育**。

品行教育是培養出懂得照顧別人、發揮領導力的孩子；專長教育則是指在有潛力的領域中幫忙找出目標的意思。

面試時品行和專長也會成為所打的分數。若覺得數學難，可以把孩子送去補習班學習；但若是有品性問題則難以解決。

再來認識月曆數字上下的規則

上排為－7、下排為＋7。用紙遮住後問孩子 17 上面的數和下面的數各是多少。孩子回答後爸媽用「原來它們各多了 7 啊」，告訴孩子其規則性。

請邊移動邊進行心算

請讓孩子邊移動數字邊進行不同的心算，之後也和孩子一起用紙製作週期為 5 的數字板和週期為 9 的數字板來練習。

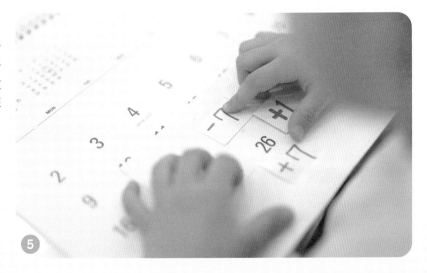

「進位的加法和退位的減法」

DAY 64

{用紙箱玩遊戲}
用紙箱學數數

準備物品 宅配紙箱（或紙盒）、冰棒棍、數字貼紙、便利貼、筆。

學習目標 複習算術。

遊戲優點 變化不同道具與教法，提升孩子興趣。

這是從 Day 61 的便利貼遊戲所衍生的另一個遊戲。可以再次確認孩子的加法、減法學習進度。

遊戲這樣玩

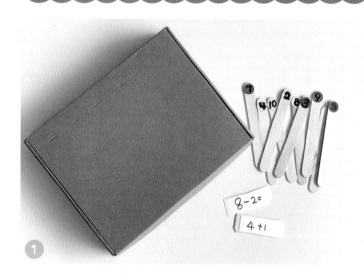

①

準備好道具

在宅配紙箱上割出冰棒棍可放入的小洞，在冰棒棍頂端貼上數字貼紙。

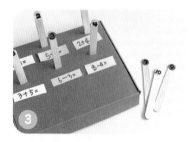

③

在便利貼上寫算式

寫下沒有進、退位的簡單算式後，貼在箱子開的洞洞下方。

以冰棒棍作答

讓孩子拿貼有數字的冰棒棍來回答，將棍子插在正確位置。

②

用直式計算加法、減法是最簡單的方法，但如果孩子能橫式計算的話，就不需要把所有的問題都改成直式計算。

這裡與其說橫式計算是寫成橫向後解題，**反而是教導孩子保留原來算式的樣子來解題。**要多強調兩位數的橫式計算才能讓孩子在腦中計算，培養感覺。不過最基本的計算方式還是直式計算。

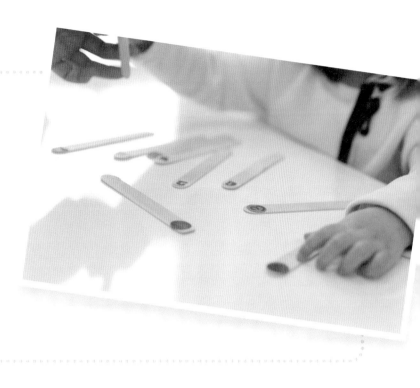

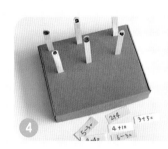

把算式打亂

都回答過後，請拿掉便利貼，並要孩子打亂便利貼的算式。

換找出對應的算式

協助孩子把正確的算式貼在棍子下方。最重要的是反覆進行。最好等孩子熟悉後，再進行下一階段進位、退位的算式。

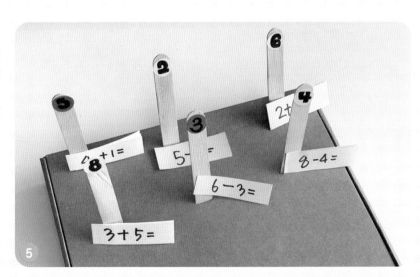

「進位的加法和退位的減法」

DAY 65

{用紙杯玩遊戲}
用紙杯學數數

準備物品	4 個紙杯、筆、圍棋、10 格雞蛋盒。
學習目標	複習算術。
遊戲優點	變化不同道具與教法，提升孩子興趣。

這是利用 4 個紙杯快速進行加法、減法的遊戲，只要疊在一起就能進行的簡單遊戲。孩子自己就能進行，爸媽在一旁回應即可。

遊戲這樣玩

準備好道具

請準備 4 個紙杯。兩個紙杯寫上數字，另外兩個紙杯寫上計算符號和等號。

由爸媽先講解

爸媽先講解加法進行的方式後，孩子若理解，就能自己玩。

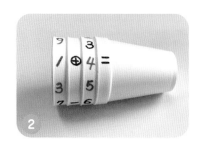

許多父母會問我有關珠算教育的事。珠算教育是僅限於心算的教育方式，教導使用簡單的運算法則。我曾看過因為長時間進行珠算，心算很厲害，但卻很難理解有關數的問題的學生。

計算只是數學的基礎，**數學的困難點始於分析問題的條件**，因此請各位要記得若選擇珠算教育，也要學習數學教育以達到相互平衡。

由爸媽先講解

爸媽講解減法進行的方式後，孩子若理解，就可以自己玩。

可以用雞蛋盒與圍棋幫忙

孩子若不太理解，爸媽可以用前面遊戲用的裝有圍棋的雞蛋盒來慢慢進行教導。反覆練習後就算沒有實際物品孩子也能心算。

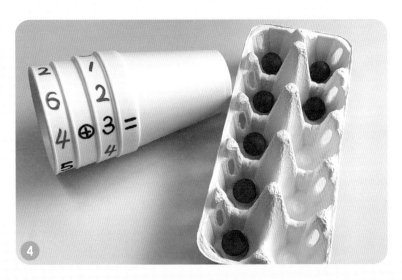

確認學習進度

學習進位的加法和退位的減法

 1 請寫出空格中正確的數

❶ $2 + 8 + 4 = \boxed{}$　　❷ $7 + 3 + 9 = \boxed{}$

❸ $5 + 5 + 6 = \boxed{}$　　❹ $4 + 6 + 3 = \boxed{}$

 2 請參考範例，將合為 10 的兩個數圈起來後，再寫出三個數字的總合

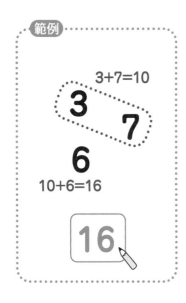

範例

$3+7=10$

3　7

6

$10+6=16$

$\boxed{16}$

❶

4
　5
6

$\boxed{}$

❷

7
　4
3

$\boxed{}$

解答：217頁

3 請參考範例，並填入空格中正確的數

範例

11

| 5 | 6 |

①
| 4 | 7 |

②
| 3 | 9 |

③
| 6 | 6 |

4 請用〇圈出空格中的正確數字

①

$$11 - \boxed{} = 6$$

5   6   7

②

$$\boxed{} - 6 = 9$$

14   15   16

5 左右兩邊的數字差是上面的數字，請填入空格中正確的數

範例

2   8-6=2

13-7=6   6   8   15-7=8

13   7   15

12   7   13

「等號的意義」

DAY 67

{用衣架玩遊戲}
認識等號

準備物品　衣架、撲克牌、夾子、畫有等號的卡片。

學習目標　認識等號。

遊戲優點　打穩孩子的基本功。

這個遊戲旨在讓孩子了解能連結所有計算的「等號」（＝）的重要性。「等號」（＝）是兩者相同，較接近「一樣」的意思，可以善用卡片和衣架來讓孩子容易明白。

遊戲這樣玩

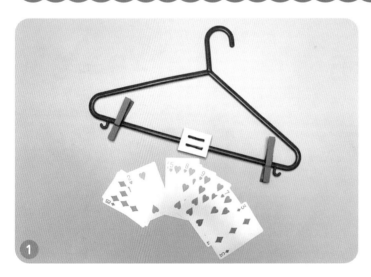

①

準備好道具
請準備掛褲子用的衣架和撲克牌。

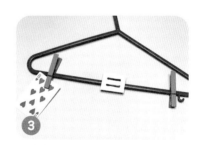
③

②

將等號掛在衣架中間
把等號準備好後，請先向孩子正確地傳達等號的意義，教導孩子等號是有「一樣」意思。

在衣架的一邊夾上數字 8 的撲克牌
問孩子另一邊應該要多少，並再次說明等號如平衡兩邊狀態的意思，這樣孩子就會拿出另外一張 8。

「＝」這符號的名字叫作「等號」，表示相等關係的符號。學數學不是只學讀書的方法、反覆的解問題，而是**一定要告訴孩子它的意義。**

在衣架左邊夾上 3、4 的卡片

問孩子另一邊應該出現多少數、是否能維持平衡。這樣孩子就會找出另外的 3、4 卡片。

也可以夾上不平衡數字

由爸媽左右夾上不平衡的數字後，問孩子對不對，如果孩子回答不對，就讓孩子說為什麼不對。讓孩子說出想法是很重要的。

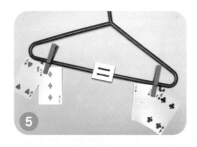

慢慢增加卡片數

稱讚孩子能找到前面的卡片之後，可以增加卡片數，用 7、3 和 4、1 和 2、4 等來玩各種平衡遊戲。

DAY 68

{用衣架玩遊戲}
尋找未知數

準備物品｜衣架、撲克牌、夾子。

學習目標｜讓孩子理解數學中找口的問型。

遊戲優點｜打穩孩子的基本功。

等孩子了解 Day 67 中學習的等號意思後，就能進行找出未知數的問題。了解等號是「一樣」的意思後，再進行找未知數遊戲就會簡單許多。

遊戲這樣玩

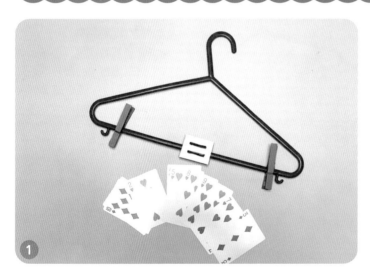

準備好道具

把等號貼在衣架上，如 Day 67 的遊戲一樣，再進行一次。

左右都夾上撲克牌

左邊夾上 1、3、5 的卡片，右邊夾上 9 的卡片。

提問題讓孩子實作

問孩子如果左邊拿走 5 的卡片，那右邊的數會變怎麼樣。等號必須左右是相同的數才能平衡，請告訴孩子因為左邊少掉 5，右邊也要少掉 5。請用各種不同的問題來讓孩子理解。

了解等式的最好方法就是利用天平。所以在 Day 67、Day 68 遊戲中準備了衣架，**不傾向任一邊的樣子跟等式很像。**

若想要答對翻面的卡片數，可用按照順序來數或用預測的方法。按照順序來數的方法是 5 為左邊、7 為右邊的話，照樣數 5、6、7，從 5 還差 2，所以另一張卡一定是 2；預測方法則是預測 1、2、3，以加法來確認。請多加練習按照順序來數的基本找數方法。

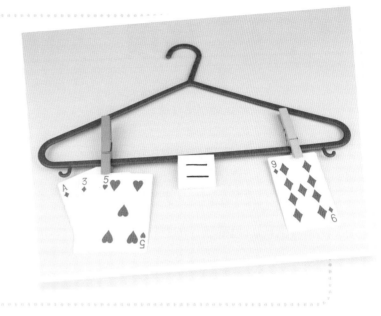

蓋掉其中一張牌

右邊夾 7、左邊夾 5 跟 2 的卡片並把 2 翻過來。讓孩子猜猜為了維持兩邊的平衡，蓋起來的卡片數應是多少。

分解右邊的卡片

若孩子不知道，可以將右邊的卡片分成 5 和 2，這樣孩子看到後，就能猜出左邊翻過去的卡片為 2。

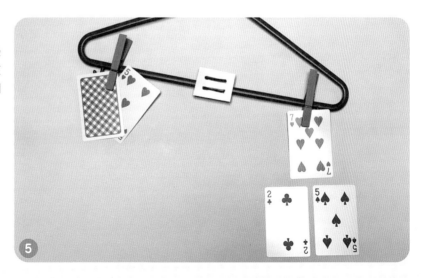

「等號的意義」

DAY 69

{用撲克牌玩遊戲}
移項

準備物品 1 副撲克牌、加號／減號／等號的卡片。

學習目標 了解移項。

遊戲優點 打穩孩子的基本功。

我們要來利用 Day 67、Day 68 所學的內容，來學習移項。一開始直接寫在紙上，孩子可能會搞混，但只要先學習到等號的原則是「一樣」的意思後，很快就能理解了。

遊戲這樣玩

①

準備好道具

請準備撲克牌和加號／減號／等號的卡片。

③

用卡片排列出算式

排列完成後將第一張牌翻面，形成加上一張 5 等於 7 的公式。（□＋5＝7）

②

教導孩子
把翻面的卡片想成□

問孩子「要留下□的話該怎麼做」，之後爸媽把左邊的算式減去 5，再問孩子右邊的 7 會有什麼變化。

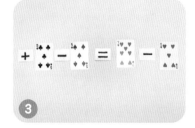

在實際進行這遊戲時，孩子可能會不了解為了消除－2而＋2的意義，這時可以舉生活中常見的電梯為例。□＋5＝7是從某一樓往上5樓後到達7樓，所以為了消除往上5樓（＋5）而必須往下5樓（－5）而計算變成 7 － 5 ＝ 2。

千萬不能把移項只教導成移動的意思，請指導孩子直到他能完全理解。

告訴孩子左右要相同

若孩子不知道答案，請教導他等號（＝）的意義，告訴他左右要相同，因此左邊減去 5，右邊也必須減去 5，那麼就可簡單的看出答案□＝2。

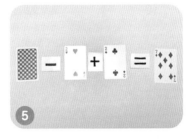

多多練習，並給孩子時間

請試著用幾個□，如□＋□－2＝7來增加問題困難度，請給孩子充裕的時間，讓他自己思考答案。

再換成減法算式

請改成一張卡片減去 2 後等於 7 的公式（□－2＝7）。這時左邊要加 2 才能把左邊的數消除；這樣右邊也要加 2，因此答案是□＝9。

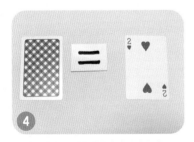

確認學習進度

學習等號的意義

1　□ 裡的數字是搭電梯的樓層，↓ 是電梯往下的樓層數。請照範例所示，寫出 ○ 內電梯往下的樓層數

보기

$$14 \downarrow 8 \quad 6$$

① $$11 \downarrow \bigcirc \quad 4$$

② $$12 \downarrow \bigcirc \quad 4$$

2　請填入 ○ 內的正確數後，算出 ★ 裡的數

①

$$\bigstar + 8 = 13$$

$$\bigstar = \boxed{} - \boxed{} = \boxed{}$$

②

$$7 + \bigstar = 15$$

$$\bigstar = \boxed{} - \boxed{} = \boxed{}$$

解答：218頁

3 請填入 ☐ 內的正確數後，算出 ⬠ 裡的數

❶
$$15 - ⬠ = 6$$

$$⬠ = ☐ - ☐ = ☐$$

❷
$$11 - ⬠ = 5$$

$$⬠ = ☐ - ☐ = ☐$$

4 請填入 ☐ 內的正確數後，算出 ♥ 裡的數

❶
$$♥ - 8 = 9$$

$$♥ = ☐ + ☐ = ☐$$

❷
$$♥ - 25 = 14$$

$$♥ = ☐ + ☐ = ☐$$

DAY 71

「平面圖形和立體圖形」

{用竹籤玩遊戲}
製作平面圖形

準備物品　黏土、竹籤。

學習目標　理解平面圖形。

遊戲優點　親自動手體驗製作不同的圖形。

點聚集成線、線累積成面。學會面的大小後就能學會寬度。有了空間概念後也能理解體積。

遊戲這樣玩

準備好道具

請準備黏土和竹籤。

①

將黏土搓成小球

再用竹籤把小球串成線，然後告訴孩子這些線累積之後會成為面積。

②

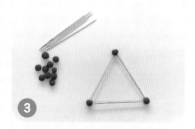

③

把竹籤的頂點連接小球

製作平面圖形給孩子看，並利用 3 個黏土和 3 支竹籤作成三角形。

點、線、面是圖形的基本要素。請爸媽和孩子一起進行在繪圖本上點出好幾個點,然後將它連結成線,再用彩色筆重覆畫線使它變成面的過程。

製作五角形

利用 5 個黏土和 5 支竹籤作成五角形。

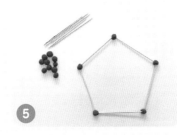

製作四方形

利用 4 個黏土和 4 支竹籤作成四方形。

問問孩子三角形有幾個頂點

問完以後再讓孩子動手製作。如果孩子不清楚,爸媽可拿 3 個黏土和 3 支竹籤來告訴孩子哪裡和哪裡連結後會變成什麼圖形。

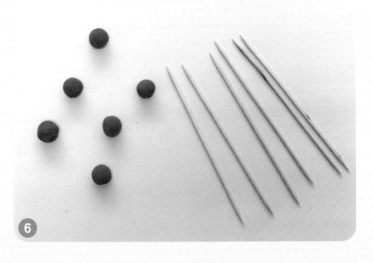

「平面圖形和立體圖形」

DAY 72

{用幾何板玩遊戲}
圖形遊戲

準備物品 2個30格雞蛋盒、橡皮筋、圖釘。

學習目標 理解平面圖形。

遊戲優點 親自動手體驗製作不同的圖形。

在新的不同空間裡也能製作平面圖形。透過不是每次進行一樣的遊戲，而是從每次新遊戲的反覆練習中學習正確概念。

遊戲這樣玩

準備好道具

請準備30格的雞蛋盒、橡皮筋和圖釘。

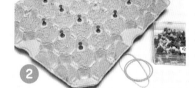

製作幾何板

把圖釘固定在雞蛋盒上，做成幾何板，建議疊2個雞蛋盒會比較穩固。

用橡皮筋做形狀

給孩子橡皮筋，讓他動手做成前面所學的三角形。

國小1年級時學習的立體圖形和平面圖形與學前教育時所教導的，沒有太大的差異。

與其說是學圖形**其實是學形狀，也教形狀的名稱，讓他摸摸看、了解性質**，或利用在周圍找出相同形狀的遊戲帶領孩子學習。國小1年級的習題會有數出相同形狀的數數問題。

試著嘗試不同形狀

也用橡皮筋做成四方形，試著做成各種大小的四方形。

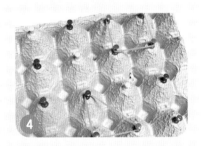

4

可以再用紙作畫

用雞蛋盒做出不同的圖形後，畫出像幾何板的點點紙，和孩子再次在紙上畫畫。

也可以排出英文名字

嘗試做出各種形態的圖形，也可以試著拼出孩子的英文名字。

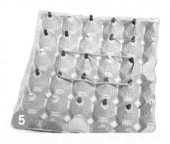

5

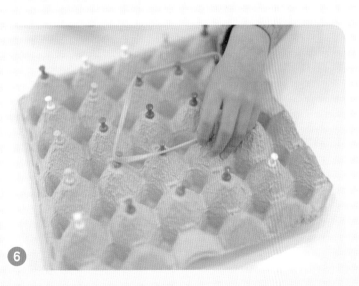

6

「平面圖形和立體圖形」

DAY 73

{用黏土玩遊戲}
製作立體圖形

準備物品 黏土球、竹籤。

學習目標 理解立體圖形。

遊戲優點 親自動手體驗製作不同的圖形。

要教導孩子圖形並非只有平面，也能作出有體積的立體圖形，讓孩子透過動手製作來牢記。

遊戲這樣玩

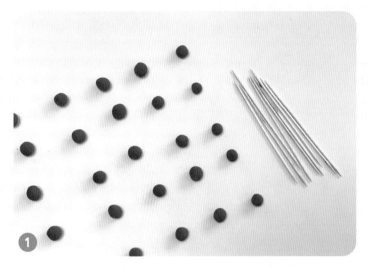

1

準備好道具
請再次準備黏土球和竹籤。

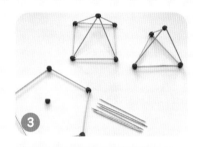

3

在每個圖形上加一個點
並用竹籤將點與圖形相連。把凸出來的部分叫作角，然後照底下圖形的名稱來命名，如三角形、四方形、五角形。

先做出平面圖形
和孩子做出三角形、四方形、五角形的平面圖形。

2

前面有提過，國小 1 年級數學只會學形狀而不是圖形，這是為了讓孩子初次接觸數學時，比起學習抽象的圖形，**透過觀察周圍事物來接觸圖形、學習用語，能更加熟悉圖形**。有許多孩子會因為父母或透過閱讀童話書而了解圖形的名稱，也因此對數學產生許多好奇。

當孩子了解圖形的名稱時，會用它的名稱來進一步了解實際圖形，不會因為孩子只先了解名稱而非實際圖形，而對國小 1 年級的課程產生問題。

將平面圖形拼起來

在三角形上面再放三角形，並用竹籤連結兩個平面圖形。這稱為柱體，請照底下圖形的名稱來命名，如三角柱、四角柱、五角柱。

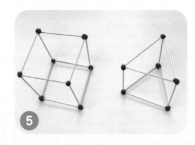

再做兩個相同的圖形

和孩子一起再次做 2 個相同的平面圖形。

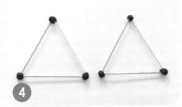

確認有多少竹籤與黏土球

都完成之後和孩子一一確認，各圖形有幾個竹籤和幾個黏土球。

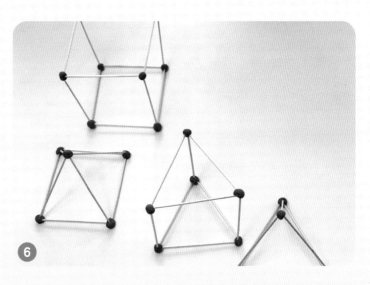

「平面圖形和立體圖形」

DAY 74

{用黏土玩遊戲}
尋找各種圖形

準備物品　黏土、竹籤。

學習目標　理解立體圖形。

遊戲優點　透過認識周圍事物，更了解立體圖形的名稱與特徵。

將自己所製作圖形形狀與家中的物品作連結，把圖形的形狀聯想過一次後，腦中就會將之影像化。

遊戲這樣玩

①

準備好道具
請再次做出前面所學的立體圖形。

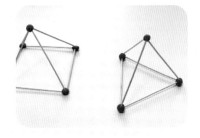

尋找相同平面圖形
找出周圍是否有三角形、四方形、五角形的物品們。

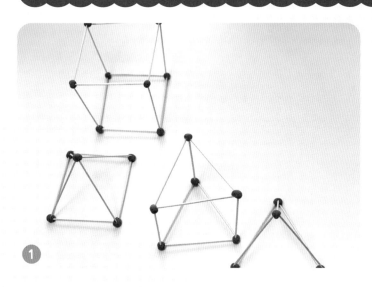

②

尋找形狀相同的物品
在周圍找尋外觀與三角形、四方形、五角形相符的物品們。

讓孩子也找找周圍的平面圖形。三角形可以在三角飯糰、教會屋頂、腳踏車車身等許多物品上找到。數學童話書中也會有我們周圍很常出現的圖形，雖然看似沒什麼，但是**這與創造力中，以相同條件下發想許多創意的流暢度有關。**

找圖形這類的遊戲活動，和家人們一起完成也會有所助益，因為孩子自己一個人尋找相當有限，大家一起找就不會覺得自己做不到，可以學習超越自我極限的方法。

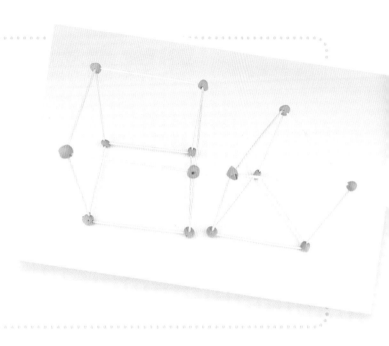

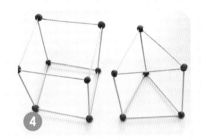

尋找相同立體圖形

找出周圍是否有三角柱、四角柱、五角柱的物品們。

確認外型特徵

看著找來的物品後，請再次和孩子確認外觀特徵（有幾個點、有幾條線、有幾個面）。

「平面圖形和立體圖形」

DAY 75

{用黏土玩遊戲}
觀察各種面向

準備物品　各式各樣圖形（三角形、四方形、三角柱、四方柱等）、紙、筆。

學習目標　增加孩子對圖形的直覺。

遊戲優點　刺激孩子思考並訓練觀察力。

絕對不能讓圖形遊戲停留在只是製作圖形而已，既然相似的圖形也尋找過了，接下來應該要進入更細節的觀察。請孩子以不同方向觀看後，直接畫出自己看到的圖形樣子。

遊戲這樣玩

準備好道具

請讓孩子找出與四方柱和三角柱類似的物品。

把圖形正面、側面畫下來

讓孩子看物品正面、側面的樣子後，問他看到什麼圖形，讓孩子把它畫在紙上。

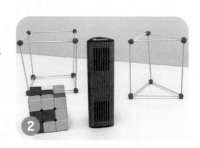

不僅可用立體圖形，周圍的物品也能拿來使用。用手機拍下物品的上面、正面、側面的照片，給孩子一張一張看，讓他猜猜是什麼物品。孩子若覺得有趣，自己也會想要出題目，然後動手拍照片出題目。

建議讓孩子自己拍照然後嘗試出題目，這對日後放置物品，直接畫出物品的上面、正面、側面的素描能力，也是不錯的教育。

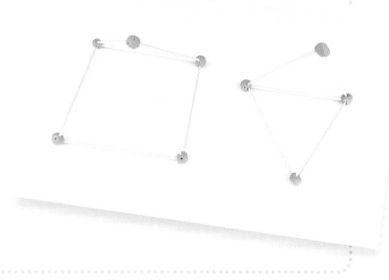

找出三角形與四方形

然後進行觀察。

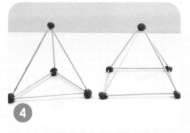

畫出從上方觀察的圖形樣貌

從上面觀看樣子後，問孩子在平面圖形中看到什麼，將它畫出來。

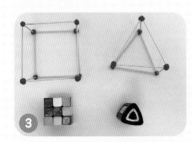

找出角和柱的差異

說出角和柱的上面、正面、側面的差異，並繪製觀察後的圖形。

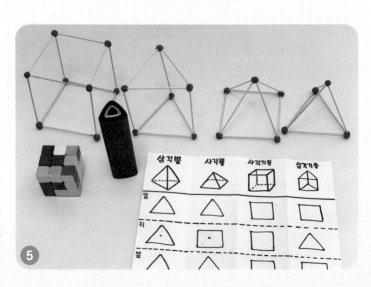

「平面圖形和立體圖形」

DAY 76

{用樂高玩遊戲}
認識方向

準備物品 30 格雞蛋盒、樂高（或各種玩具）。

學習目標 認識方向。

遊戲優點 刺激孩子思考並訓練觀察力。

　　了解方向對學習數學來說相當重要。方向與我們的現實生活有著密切關係。最具代表的例子，就是看地圖和之後會學到的座標。

遊戲這樣玩

準備好道具
請準備30格雞蛋盒和樂高（或玩具）

把球作為中心點
放一顆球在正中間，標示為基準。

在球的上方跟下方放樂高
和孩子說「請在中間球上面的 2 格放紅色樂高」。然後再和孩子說「請在中間球下面的 2 格放黃色樂高」。

若能和五子棋結合的話也是不錯的方法。**五子棋、圍棋等棋盤遊戲對培養邏輯有幫助。**最近市面上也有許多對孩子有幫助的趣味桌遊，若是有在一起玩桌遊的家庭，也可以教孩子五子棋並應用到上面的遊戲。

3 個人玩五子棋遊戲的話，一人先當裁判，其他兩人不是直接放置棋子，而是對裁判說「請放在正中間的位置」、「請放在媽媽放位置的右邊一格，往下一格」等說明位置的方式來進行。

在球的左邊跟右邊放樂高

和孩子「請在中間球右邊的放藍色樂高」。再和孩子說「請在中間球左邊放綠色樂高」。

可以變化問題

一直進行直到孩子完全了解方向，媽媽可以看著放好的物品說「綠色樂高下面有什麼」或是「球上面有什麼」來變換問題的基準。

「平面圖形和立體圖形」

DAY 77

{用雞蛋盒玩遊戲}
座標遊戲

準備物品 30 格雞蛋盒、2 種骰子、各種玩具。

學習目標 建立看懂地圖的基礎。

遊戲優點 與生活息息相關。

透過這個遊戲，能更加容易理解如何看地圖，或之後會學習到的座標。前面已經知道方向，現在則是找出正確位置的遊戲。

遊戲這樣玩

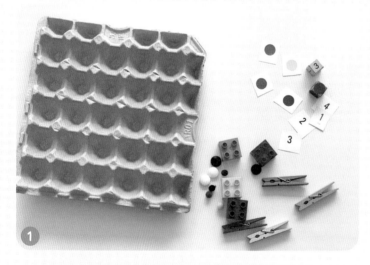

準備好道具

請準備 30 個雞蛋盒和骰子、各種的玩具。

貼上顏色與數字貼紙

把雞蛋盒上橫排用顏色、直排用數字來區分標示，準備兩種的骰子（一個數字、一個顏色貼紙）。請隨機放置玩具。

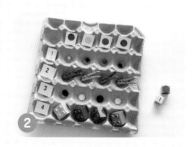

請用火車、飛機、電影院的座位舉例給孩子聽，如果孩子都沒有坐過上述座椅的話，可以到網站預約電影票，和孩子一起找位置或順便去一趟電影院。公寓的號碼也有著類似的規則，仔細觀察公寓建築就可知道橫的、直的的號碼順序。

拿走最多玩具的人獲勝

擲骰子後拿走越多對應座標物品的人就勝利。請爸媽先示範給孩子看。若骰到 4 和紅色，則可以拿走第四行的紅色物品。

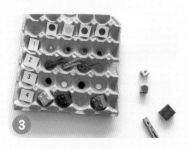

放回玩具時也可以讓孩子幫忙

分出勝負之後，重新把物品填滿。爸媽這時可以口說座標，讓孩子自己放置物品。

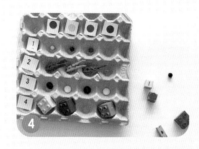

請給孩子充分的遊戲時間

爸媽說明之後讓孩子試玩，例如拿走了第一行的藍色物品，之後再讓孩子好好玩。

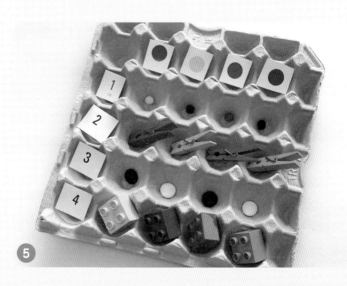

「平面圖形和立體圖形」

DAY 78

{用積木玩遊戲}
堆積木遊戲

準備物品　立方體積木、遮蔽板。

學習目標　學習空間概念。

遊戲優點　也能培養孩子的觀察力、集中力。

透過眼睛的觀看來認識空間。能說出觀察到的形狀、記憶，並動手重現一樣的形狀，才是能分析空間的學習方法。可以變換角色，讓孩子直接出題。

遊戲這樣玩

① 準備好道具

請準備立方體積木。家中有的積木也沒關係，然後請準備一個可當成遮蔽板的筆記本外殼。

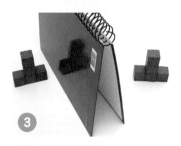

③ 給孩子 10 秒的觀察時間

爸媽做好後把遮蔽板移開，數到10後再次把遮蔽板放下，讓孩子製作出一模一樣的形狀。

② 用遮蔽物遮住推積木的過程

用 5 個立方體堆積木，並利用遮蔽板遮住，不讓對方看到製作過程。

幼兒時期看著模仿也不是件簡單的事，試著讓孩子在進行堆積木遊戲時，邊用口頭的方式來說明。若孩子能闡述眼睛所看見的，他們就能記住，也能夠堆出一樣的積木。

　　3 人進行遊戲時可以變成媽媽出題、孩子闡述、爸爸來猜積木形狀的方式，讓孩子能自然的闡述、練習表現。**當孩子在說的同時，透過分析形狀，也讓他將形狀記在腦海中。**

也可以出題後跟孩子一起比賽

等到熟悉之後，爸媽先出題，然後再跟孩子比賽同時堆積木。

⑤

太難的話可以先不用遮蔽物

如果給了許多時間還是覺得困難的話，也可以把遮蔽板移除，改成堆相同積木的遊戲。

④

可以互換角色

隨著積木數量的增加，可和孩子角色互換，讓孩子堆出示範的形狀，來做應用。

⑥

DAY 79

{用積木玩遊戲}

猜數量遊戲

準備物品　立方體積木、紙。

學習目標　學習空間概念。

遊戲優點　增加對觀察立體物品的直覺。

堆積木是學前教育、數學比賽等常出現的題材之一，其中與個數有關的題目也相當多。在數堆積木的數量時，也必須要考慮看不見的內部樣貌。

遊戲這樣玩

準備好道具

請準備積木，並在孩子不注意時堆放好，讓孩子猜測共有幾個積木。孩子一定要知道看不見的地方也有木頭。

❶

教孩子算積木堆的方法

以底面為基準來數完後，加上上面的數即可。從第一行 1 個、第二行 2 個、側面 1 個、側面 1 個這樣數後，就可以知道共有 5 個。

❷

在數積木堆的數量時，通常會用**層**來算。但在這個遊戲中，用**格數**來計算的觀察方法，**可以正確快速的算出積木數量**，這方法能正確掌握到看**不見的堆疊數量**。

也可以看數字堆積木

也可以進行孩子試著看堆疊數字，動手堆堆看的活動。

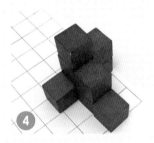

堆出不同形狀的積木來練習

爸媽可堆出各種形狀的積木，讓孩子進行說出積木數量的練習。

可以在紙上堆積木

若仍無法理解，爸媽可以帶著孩子直接照數字在紙上堆積木讓孩子理解。

DAY 80 確認學習進度
學習平面圖形和立體圖形

 1 請○出與左邊相同的形狀

2 請按照說明於空格處填入 1, 2, 3, 4

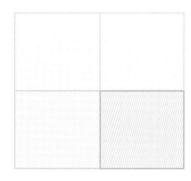

1 右邊下面是1。

2 1的左邊是4。

3 2的右邊是3、下面是4。

3 請用 X 標示出下圖中看起來不一樣的形狀

解答：218頁

 4 請○出左邊範例中，移除紅色箱子後剩下的正確形狀

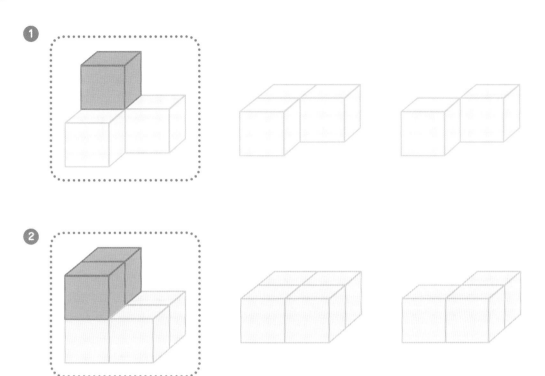

5 請○出以下使用的正確箱子數

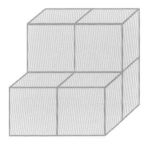

3   4   5   **4   5   6**

「移動圖形」

{用冰棒棍玩遊戲}
製作拼圖

準備物品 冰棒棍、一張有圖案的紙。

學習目標 提升對圖形的直覺。

遊戲優點 還能幫助提升記憶力。

　玩拼圖對用眼睛掌握位置，和放置正確位置的眼、手協調能力很有幫助。因為需要轉動拼圖來找出正確位置，所以也能增進對解決問題的能力，可以說是最棒的遊戲。

遊戲這樣玩

❶

準備好道具
請準備冰棒棍和有圖案的紙。

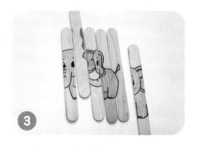

❸

在冰棒棍上作畫
請把冰棒棍並排後畫上圖案。

❷

把冰棒棍打散
刻意把冰棒棍圖案打散後，讓孩子拼回圖案。

給爸媽的教導指引

其實還有更簡單的拼圖玩法。請準備 3 張相同顏色的彩色紙，用剪刀各剪一刀，剪出不同形狀後混合，讓孩子找出正確組合。也可以準備 1 張彩色紙後，剪成 3 塊的拼圖。

其他類似的拼圖還有七色板、五格骨牌等，**這些都是能培養孩子空間觀念的遊戲。**

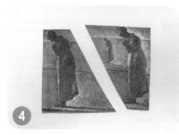

把圖案紙分成兩塊

先把圖案紙製作成 2 塊，讓孩子拼；一開始對孩子來說會很簡單。

增加拼圖數量

再來依序製作成 4 塊、6 塊、9 塊，讓孩子從原本記憶的圖擴展到更多的拼圖，能培養他的直覺能力。

「移動圖形」

DAY 82

{用雞蛋盒玩遊戲}
畫出相同圖形

準備物品　紙、筆、用雞蛋盒做的幾何板、橡皮筋。

學習目標　認識圖形。

遊戲優點　對圖形相關的題目有幫助。

　　畫出相同的圖案對孩子認識圖形有很好的效果。尤其之後進行到對稱遊戲、圖形反轉、圖形轉動時，對觀察圖形或繪製移動圖形時會很有幫助。

遊戲這樣玩

① 畫出方格

請畫出多個橫、直各 5 格的方格。

② 在方格中畫正方形

爸媽在方格中畫出線與線相連 4 個點的正方形，也讓孩子在旁邊方格中同樣繪製。用方格畫出的正方形是孩子最容易跟上的簡單圖形之一。

③ 也能嘗試不同形狀

孩子若畫得不錯，便可以繼續嘗試畫出不同形狀。在四方形或三角形中加入一些與方格不同的線條，可增加孩子繪製的難易度。

畫出相同圖畫這件事比想像中來的重要。想要孩子之後會學到反轉或轉動時有好的表現，就必須要有觀察圖畫後照樣畫出來的能力。

　　在頭腦中記憶後再畫出來並非簡單的事，可以用與 Day 78 堆積木一樣的遊戲，用遮蔽板暫時遮住，再讓孩子畫出相同的圖也是個不錯的變化方法，請多加利用有趣的方式重覆進行。

增加難度

有凹入形狀的五角形、六角形或房子的形狀則難易度更高，各式各樣的圖畫能讓孩子愉快地進行。

搭配幾何板與橡皮筋更好玩

先從簡單畫到較難的圖形後，利用雞蛋盒製成的幾何板和橡皮筋，製作出相同的圖形，請與各樣的遊戲作組合。

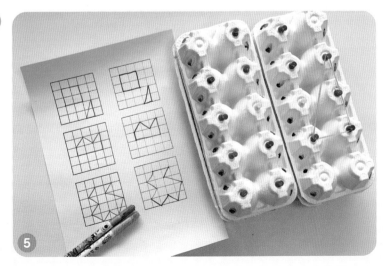

學習日期：＿＿＿月＿＿＿日

「移動圖形」

{用雞蛋盒玩遊戲}
雞蛋盒印花

準備物品 2個10格雞蛋盒、簽字筆。

學習目標 認識圖形對稱。

遊戲優點 簡單易懂、好玩有趣。

這個遊戲是透過移花印畫來學習對稱，也就是以基準線對折時，互相重疊對稱的部分。在兩個雞蛋盒中間設一條線，給孩子看兩個重疊的樣子。若孩子已經了解對稱，對他來說不會太困難。

遊戲這樣玩

準備好道具
請準備2個10格雞蛋盒後，把上面的蓋子剪下。剪下的部分請用2種顏色的簽字筆著色或貼上貼紙。

各拿一個紅色與藍色印花
各拿一個紅色、藍色印花並排放在雞蛋盒上，讓孩子找出它們對稱的位置。

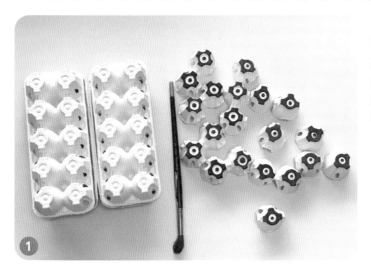

在雞蛋盒中間設線
在兩個雞蛋盒中間設一條線，給孩子看它們重疊的樣子。

線對稱是過了對稱軸後，另外一邊以相同距離存在的點和線的圖形。所以利用雞蛋盒進行線對稱圖形遊戲，可以數出位置的格數，讓孩子能簡單、直覺地了解對稱的美。

請逐漸增加難度

第二個顏色孩子也跟上的話，請增加難度讓孩子進行。

向孩子解釋中心線

若孩子不太了解，可以解釋中心線如何對稱，幫助孩子找到正確的顏色。

請反覆練習

塗上各種顏色後，以不同形狀反覆練習也很好。

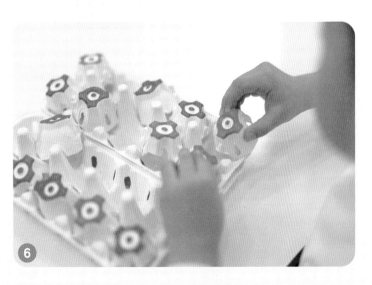

學習日期：＿＿＿月＿＿＿日

「移動圖形」

{用鏡子玩遊戲}
彩色紙遊戲

準備物品 彩色紙、剪刀、筆、鏡子。

學習目標 認識反轉。

遊戲優點 用鏡子跟剪紙能加速孩子的理解。

將圖形反轉後觀察左、又、上、下形狀。圖形反轉和找出相同圖形變化是孩子最常感到困難的部分。可以利用鏡子，或對折一半後剪下這兩個元素幫助孩子更快速地學習。

遊戲這樣玩

準備好道具

請準備多張彩色紙。

畫上一半的圖

將彩色紙對半折後，畫上簡單的圖。這時請只畫一半的圖。

剪下對稱圖形

讓孩子思考起對折後對稱的圖形，讓孩子用剪刀剪下後確認。

進行數學遊戲是孩子喜歡的教育課程，但只有用眼睛觀察是無法解決問題的。

從 Day 83 開始的線對稱活動，在充分的進行過後，進到 Day 84 簡單的圖形活動，不妨讓孩子**在剪下圖案之前，先預想對稱圖案後試著畫畫看**，這樣的學習會比看解答還要來得愉快。

再用鏡子照照看

讓孩子把剪下的圖形折半後，問孩子「它在鏡子裡會變成什麼形狀呢？」讓孩子動腦想。剪下之前的圖也可以先讓孩子思考後，再用鏡子照照看。

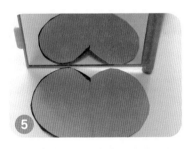

可以嘗試不同照鏡子的位置

用鏡子照時，根據照映的基準不同，可讓孩子練習，看看不同的變化。

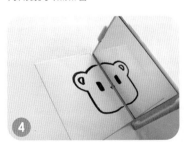

確認鏡中的樣子是否跟紙上對稱圖形一樣

讓孩子把鏡子放在圖形旁繪製的基準線，確認另一邊的樣子是否跟鏡子照出的樣子一樣。

學習日期：_____月_____日

「移動圖形」

{用吸管玩遊戲}
轉吸管

準備物品	筆記本、吸管、便利貼、圖釘。
學習目標	認識轉動圖形。
遊戲優點	幫助孩子影像化。

圖形轉動單元不僅孩子覺得很難，連爸媽也會教得很累。在孩子能在腦中自行畫出影像前，需要不斷地練習轉動並觀看。學齡前的孩子並不知道角度是什麼意思，所以教學時請用「一圈」、「圈圈一半的一半」等描述。

✏️ 遊戲這樣玩

準備好道具

請準備筆記本、吸管、便利貼。在筆記本中間畫出4等份的線。

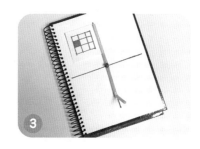

❸

將放在筆記本中間

將吸管放在筆記本後，用圖釘固定，把其中一張便利貼貼在吸管左上方。

❷

在便利貼上畫出方格

在便利貼上畫方格後，於某特定一處上色，之後可以看出位置變化；另一張則在可看出形狀變化的格子上色。

和孩子進行轉吸管遊戲時，轉動的量可用一個圈（360度）、半圈（180度）、半圈的半圈（90度）來表現，並說明意思。使用教具讓孩子觀察轉動的樣子並不會增加孩子解決問題的能力，請一定要進行說明並讓孩子有預想的過程。一開始孩子覺得太難或很累的話，可以先以觀察的方式來行，但還是要讓孩子先預想過。先從上色一格、和找位置開始，再慢慢增加上色的格數。

轉動吸管並觀察便利貼

轉動吸管時觀察著色圖形的位置如何變化，可先讓孩子預想過後再轉動吸管。

換另一張便利貼

當孩子已完全掌握位置之後，這次換貼形狀上色的便利貼，轉動前先請孩子預想形狀。

這次換有圖形的便利貼

都轉過一圈後，可以再畫一張有圖形的便利貼，把圖形的另一邊上色，進行在轉動之前，問問孩子上色部分會如何轉向的練習。

「移動圖形」

DAY 86

{用L形資料夾玩遊戲}
資料夾轉轉樂

準備物品 筆記本、透明 L 形夾、圖釘、水性麥克筆。

學習目標 認識轉動圖形。

遊戲優點 孩子可以自己動手畫，更有樂趣。

　圖形的轉動對孩子來說相當困難，請多用不同方法觀察轉動。用方格紙和透明資料夾就能完成這個遊戲，孩子能自己動手畫和組合，輕鬆又好玩。

遊戲這樣玩

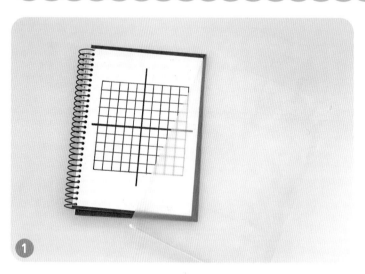

①

準備好道具

請用筆記本畫出一頁方格紙，並準備一個透明的 L 形夾。

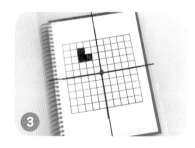

③

分出 4 等份

在方格紙中間定出基準，畫分成 4 等份，用圖釘固定中心。

②

在方格紙左上方畫出圖形

爸媽先在方格紙左上用水性麥克筆畫出圖形，然後讓孩子想轉動一半的一半（90 度）後圖形會在哪裡。

之後若要解實際的問題時，**請指導孩子轉動書或考卷來觀察、畫圖。**一邊轉考卷一邊觀察轉動形狀的特徵，然後再轉回來畫答案。

想像轉動過後的圖形樣貌

思考過後轉動 L 形資料夾，看圖形是否正確。

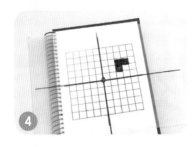

④

回到原點要轉動幾度

若回到原點後，這次不是 90 度而是改成轉動 180 度，先讓孩子預想形狀後再確認是否正確。

轉動 L 夾

之後再以 90 度進行轉動，和孩子預想的圖形做比較。

⑤

⑥

DAY 87 確認學習進度

學習移動圖形

1 請用 X 標示出左邊圖形不需要的圖

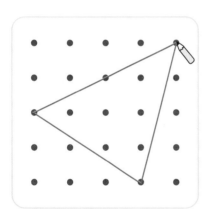  

2 請畫出與左邊相同的圖形

3 請畫出對折時能讓圖完全重疊的線

4 請幫依照須線折疊後，會重疊的空格上色

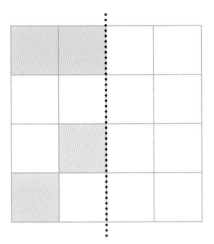
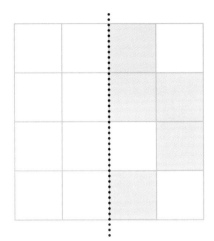

 5 中間有圖形的旗子往左邊、右邊轉，請幫忙畫出正確的中間圖形

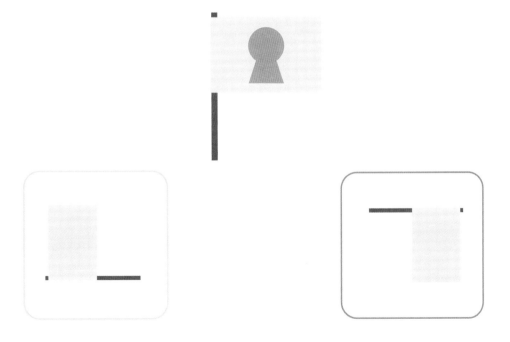

「屬性和規則」

DAY 88

{用撲克牌玩遊戲}
顏色形狀分分看

準備物品 6 個紙杯、1 副撲克牌。

學習目標 認識分類。

遊戲優點 提升孩子的邏輯能力。

這是區分物品分類遊戲。分類物品時需要明確的分類理由，我們稱之為「標準」，按照標準來練習分類，可以幫助孩子理解和做出正確的判斷。

遊戲這樣玩

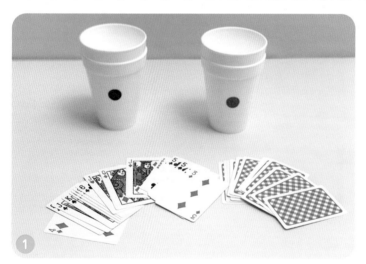

① 準備好道具

請準備 2 個紙杯和 1 副撲克牌。

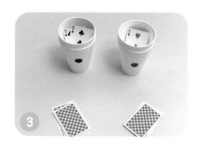

③ 進行誰動作最快的遊戲

孩子若能理解，就能先和孩子各拿 20 張撲克牌，進行看誰比較快把卡片放進正確紙杯中的計時遊戲。

② 在紙杯外面貼上紅點和黑點

和孩子說明要依照顏色，把撲克牌區分在不同的紙杯內。

按照屬性來區分是學習規則的開始，**數學是規則的科目，所有都是由規則組成。**這次遊戲的目標在於讓孩子了解什麼是分類，不同的形狀卡片但以顏色為標準就可以分類。

孩子熟悉之後可以用形狀為標準（愛心、方塊、梅花、黑桃），10 張卡片可分成四份。

考慮到孩子的視覺能力，雖然以數字（1～10）分類的話有些困難，但若以數字分類，4 種花色可各分成10 份。

接著準備 4 個紙杯

結束顏色分類之後，準備 4 個紙杯，上面畫上撲克牌的圖案（愛心、方塊、梅花、黑桃）。

可以嘗試不同分類規則

結束顏色分類後，可以再進行與顏色相關的不同遊戲。

進行誰最快分類好的計時遊戲

和孩子分好卡片後，進行看誰先把手中卡片，放入正確圖形紙杯中的計時遊戲，可增加孩子的直覺和集中力。

學習日期：＿＿＿＿月＿＿＿＿日

「屬性和規則」

{用彩色紙玩遊戲}
彩色紙分分看

準備物品　各種顏色的彩色紙、剪刀。

學習目標　認識分類。

遊戲優點　能跟孩子一起動手做美術。

　　這次利用各種顏色的彩色紙和孩子一起進行分類遊戲吧。分類是孩子生活中每天都會經歷到的，為了培養孩子的直覺、建立標準、增加可區分的能力，請常常和孩子一起玩。

遊戲這樣玩

準備好道具

請準備各種顏色的彩色紙。

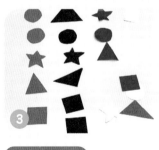

把圖形畫到紙上

和孩子一起把前面所學的圖形畫在彩色紙上，一次製作許多顏色的相同圖形。

依顏色分類

讓孩子依顏色來分類圖形。

請一起玩找出共通點的遊戲。把
生活用品、學習用品等有共通點的 3
種物品放在紙杯裡詢問孩子，並讓孩
子再找 1 個和杯子裡一樣的物品。

　　不一定要使用實體物品，用口訴
也行。也可以試試找出不同物品的遊
戲：先說出 4 樣東西，讓孩子選出其
中一個最不合適的。舉例來說：在蝴
蝶、飛機、蝦子、蜜蜂這四個選項裡，
蝦子最格格不入。像這樣透過遊戲，
讓孩子直覺地了解屬性。

爸媽來分類

爸媽把圓形和多角形區分開來
後，並問問孩子，現在是以什
麼為標準的分類。

依圖形分類

結束顏色分類後，現在混合來進
行圖形分類。

由孩子決定分類標準

也請讓孩子決定分類標準，
讓爸媽猜的遊戲。

「屬性和規則」

DAY 90

{用雞蛋盒玩遊戲}
找出重覆的模式

準備物品	2 個 10 格雞蛋盒。
學習目標	認識規律與模式。
遊戲優點	能讓孩子了解物品間的關係。

「模式」是指某個東西重覆一定順序的意思。為了讓孩子了解，需要使用到平面的分類，訂出標準進行分類練習。這樣的遊戲能讓孩子提升預測的能力，請多進行各種類的規則遊戲。

遊戲這樣玩

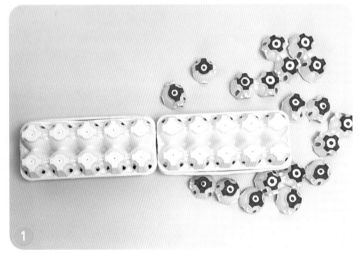

準備好道具

像 Day 83 一樣，準備雞蛋盒和上色的雞蛋盒蓋子。

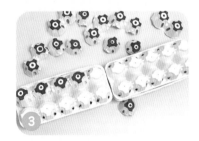

先以兩個為一組

將上色的雞蛋盒蓋子以 AB 形態排列。爸媽先放置後讓孩子接續下去，2 個一組的形態，讓孩子很好辨別。

現在變成三個一組

現在上色的蓋子變成以 ABB 形態排列，爸媽先示範，再讓孩子接續下去。

用口頭說明的方式教導孩子理解規則並不簡單，教導規則最好的方法就是固定的出現。**一起觀察日常生活中出現的簡單的規則。**

父母和孩子也可以制定規則後互相比較，能帶來很大的學習效果。請陪孩子多看、多思考。

更改模式

這次換 AAB 形態，由爸媽示範後，讓孩子繼續排列。

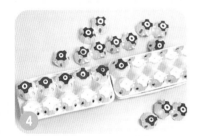

現在換成四個一組

又換成 AABB 形態，媽媽示範後，孩子繼續排列。

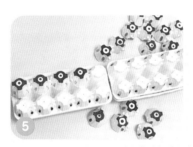

讓孩子猜出模式

一開始爸媽先不說以什麼規則進行，讓孩子思考過後再告訴他。

DAY 91

{用紙玩遊戲}
剪紙來找數量

準備物品 紙、剪刀。

學習目標 認識規律與模式。

遊戲優點 增加不同的思考方式。

　　圖形增加的有一定的規則，但當孩子第一次遇到數學題目中常出現的砍樹次數的問題時，一定會感到很困難。這次的遊戲是用紙和剪刀來增加不同思考方式的找規則遊戲。

遊戲這樣玩

準備好道具

請準備一張紙和剪刀。

剪出長條形

讓孩子用剪刀將紙剪成長條形。

剪刀剪幾次，會出現幾張紙

這是了解剪刀剪幾次、紙張會出現幾張的遊戲。問孩子如果一張紙要變成兩張的話，剪刀要剪幾次，請爸媽先示範。然後問孩子要變成三張的話，要剪幾次，讓孩子先預想然後動手剪剪看。

Day 91 是將國小學生常見數學題目作成遊戲，探討間格與個數的問題。砍 3 次樹時樹木會斷成 4 塊、呼拉圈被砍 3 次則會出現 3 塊。

從 Day 91 遊戲中可以知道樹木砍斷的數量會比揮動的次數多 1。但環或圓這類連續的東西被截斷時，截斷的次數和碎片數則會相同。

要 5 張紙需要剪幾次

這次問孩子出現 5 張紙時要剪幾次，要孩子在腦中想像後回答，然後動手剪。

4

整理剪紙的規則

和孩子一起整理剪紙的規則，可知道剪刀的數量會比出現紙張的數量還少 1，「如果要出現 2 塊紙的話，只要剪 1 次就可以了」、「3 個的話就剪 2 次」，用這樣的方式告訴並示範規則給孩子看，再以不同的數問孩子。

5

「屬性和規則」

DAY 92

{用積木玩遊戲}
形狀變大的規則

準備物品 積木。

學習目標 認識規則。

遊戲優點 觀察從平面的規則變化到立體的規則變化。

透過堆積木觀察上、下、左、右積木的數量和形狀如何變化，找出一定的規則。

遊戲這樣玩

①

③

準備好道具
請準備多個積木。

往上堆積木
現在往上依序堆疊，站在大人視角來說很簡單，但對孩子來說是新的視覺體驗。

②

橫向排列積木
橫向依序排出 1 個、2 個、3 個等，從小到大。由此可知在平面時，數越來越多的規則。

在國小數學比賽或資優教育的考試中，常會出現規則問題。所有的數學都是由規則組成，了解規則後學生就能更懂數學。

　　跨越科目來挑選學生的考試中也常會出現規則問題，因為**找出規則的能力和邏輯思考能力息息相關。**

可以變換圖形

現在的平面不只是單純的橫向排列，稍微變換成圖形。雖然看似單純的規則，但每個孩子找尋規則的時間長短都不一樣。

⑤

變換立體圖形

現在往上堆疊並變換成立體圖形，可以利用各種空間來找尋規則。

④

給孩子時間找出答案

這不是單純的堆疊，不能把它視為自行製作形狀的擴充遊戲。請給孩子時間讓他自己找出解答。

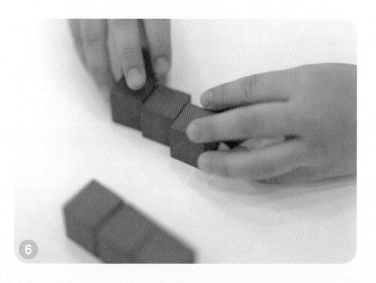

⑥

DAY 93

{用雞蛋盒玩遊戲}
雞蛋盒規則

準備物品	2 個 10 格雞蛋盒、桌球。
學習目標	認識規則。
遊戲優點	能練習各種觀察力和直覺。

　　找出模式的練習對孩子來說比想像中困難，重覆的區間被稱為「節」，必須要培養看出節變化的眼睛。這是可以練習各種觀察力和直覺的遊戲。

遊戲這樣玩

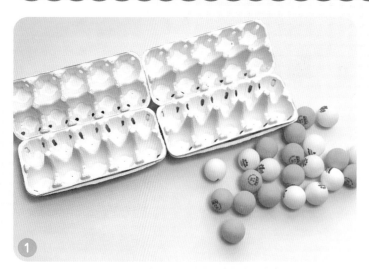

準備好道具
請準備 2 個 10 格雞蛋盒和桌球，若沒有桌球也可以用有顏色的玩具。

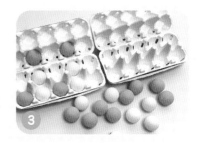

把桌球放入雞蛋盒
將雞蛋盒橫向並列，以 AAB 為一節的模式放入桌球，讓孩子延續這個節奏。

可以用不同變化練習
為了練習找出「節」，可以用不同的變化讓孩子試著預測下一個排法。

給爸媽的教導指引

可以試試把整個雞蛋盒都填滿的規則。用兩種顏色做出和旁邊不同的規則，或用不同模式來組合。

比起 Day 90 的遊戲中一列的規則，**這個遊戲更像是直覺的資訊，所以通常整體填滿後找規則會覺得比較容易。**請嘗試各種規則來進行，有的孩子會喜歡自己製作不同規則，來感受填滿盒子的樂趣。

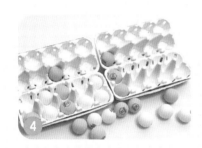

一節越長，孩子越容易搞混

節的形態越長，孩子會很容易混淆。若孩子一開始覺得困難，爸媽可以用顏色或數來當作提示，讓孩子慢慢練習。

可以參考磁磚的排列

試著把節的規則排得像磁磚一樣。或許孩子一開始會看上下排列，當爸媽和孩子一起排放時，能讓孩子更快找到節。

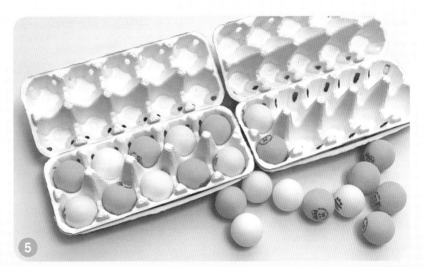

DAY 94 確認學習進度
學習屬性和規則

 1 連連看，請找出一對的衣服

2 請用 X 畫出下圖中哪一項與其他 3 項不合

3 請參考規則，並用彩色筆將空白處填滿正確的顏色

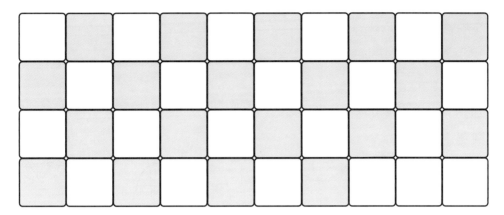

 4 請參考規則，並用彩色筆將空白處填滿正確的顏色

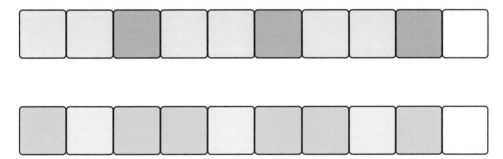

 5 請參考規則，於框框內畫出合適的形狀

「比較」

學習日期：＿＿＿月＿＿＿日

{用各種物品玩遊戲}
比較物品

準備物品 紙、各種物品。

學習目標 認識比較。

遊戲優點 能練習孩子的觀察力。

學齡前的孩子還無法這麼快接受抽象的概念，請用具體物品來比較，並同時教導長、寬、高等概念。由爸媽先說明物品後，讓孩子比較其他物品有哪些不同之處。

遊戲這樣玩

❶

準備好道具
請準備家中有的物品和紙類。

❸

拿紙來比較寬窄
拿出大小不同的紙進行比較，說明「寬」、「窄」的意義。比較寬度時須對其一角就可一目了然。

說明長與短
準備長短不同的紙類，說明「長」和「短」的意義。告訴孩子在比較時的標準必須相同，底部位置須在統一處後再進行比較。

❷

有時大人在做比較時不會使用正確的詞語。本書是以學齡前孩童為對象，所以省去了較為困難的表現法，比如寬度使用「寬／窄」、粗度用「粗／細」來比較。

有時在日常生活中，我們會用「厚／薄」來表示粗度，**但粗度用「粗／細」較為精準。**請用這類的表現法和孩子一起為家中的物品做比較。

④

用物品比較厚度

拿不同厚度的物品比較，說明「厚」、「薄」的表現意義。

可參考表格

請參考旁邊列出的數學比較表現，並以不同的方式教導孩子。

比較	表現	
長度	長	短
高度	高	低
身高	大	小
距離	近	遠
深度	深	淺
厚度	厚	薄
寬度	寬	窄
重量	重	輕
容量	多	少
速度	快	慢
顏色	濃	淡
比較兩個以上對象時	更～	更～

⑤

「比較」

DAY 96

{用各種物品玩遊戲}
用樂高測量長度

準備物品 3 個相同大小的樂高、各種物品（想測量高度的物品即可）。

學習目標 認識比較。

遊戲優點 增加孩子對長度的思考。

在上一個遊戲中，有簡單的提過數學會出現的比較形式。這裡會用一種工具來測量高度，或用兩種以上的方法來測量長度。

遊戲這樣玩

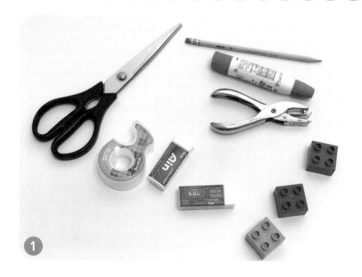

準備好道具

請準備 3 個相同大小的樂高和孩子使用的各種物品。

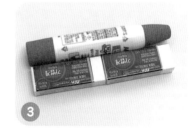

找出長度最短的物品

以它為測量標準，橡皮擦和 3 個樂高一樣長。

換量較長的物品

長度較長的膠水用比樂高還長的物品測量會比較快，與 2 個橡皮擦一樣長。這時可以問孩子木工用膠水的長度，大概是幾個樂高的長度。

比較兩個物品的長度、重量、容量等的方法可以大致分為 2 種。第一種是直接比較兩者的方法、第二種是用其他道具或物品來比較。

比較長度時互相比對就可以直接比較，或用尺、虎口等方法。若孩子能理解用相同標準的道具來測量長度的話，也可以順便教導用尺來測量的方法。

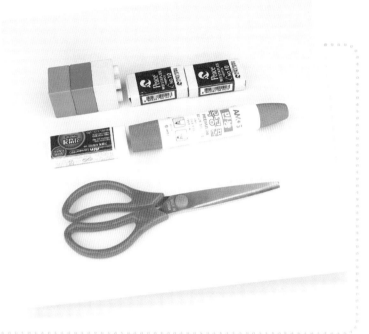

現在來量長度最長的剪刀

用較長的物品來測量會比較快。膠水和 2 個橡皮擦一樣長。可以問問孩子，幾個橡皮擦會和一把剪刀一樣長。

④

給孩子思考時間

把膠水換成橡皮擦，把橡皮擦換成樂高，讓孩子看到變化和量長度的過程。

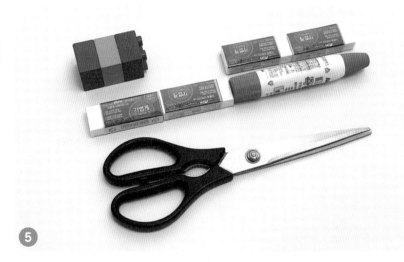

⑤

「比較」

DAY 97

{用橡皮筋玩遊戲}
橡皮筋秤

準備物品 拋棄式透明紙杯、橡皮筋、各種物品（想測量重量的物品）。

學習目標 學習比較重量。

遊戲優點 橡皮筋隨手可得，很好活用。

比較重量的方法有許多種，希望能讓孩子了解到各種方法。這次要透過橡皮筋來呈現與彈簧相似的原理。

遊戲這樣玩

1

準備好道具

請把橡皮筋穿過透明紙杯後做成秤。準備各種孩子想比較重量的物品，最好是有重量的物品。

3

放入物品

放入香瓜等水果，查看杯子下降的位置。

2

掛起橡皮筋秤

把空的橡皮筋秤掛起來，觀察變長的位置。

國小數學的 5 大領域是數與計算／圖形／測量／規則性／資料和可能性。比較是國小 1 年級數學課本裡的「比較」測量的單元。這單元裡能了解比較的意思，**透過比較來了解長度、重量、寬度、容量的概念。**

請在家中也試著進行各種物品的長度、重量、寬度、容量的比較。

拿出相近重量的物品

拿出很難用手判斷，與香瓜差不多重的地瓜，放入秤，看下降的位置。

多比較不同物品輕重

和孩子測量完各種物品的重量後，給孩子時間比較物品輕、重。孩子也可以自己挑戰測量更多物品的重量。

秤秤看手機

先讓孩子用手秤秤看手機，推測一下應該跟哪一個重量差不多，再進行測量。

「比較」

DAY 98

{用衣架玩遊戲}
衣架天平

準備物品　衣架、透明杯、比較重量的物品。

學習目標　學習比較重量。

遊戲優點　讓孩子了解方程式和不等式概念。

這裡的天平可以比較物品重量。先用簡單的東西來讓孩子了解蹺蹺板原理，重的一邊會往下沉、輕的則往上，萬一兩者重量相同，則天平會維持水平平衡。

遊戲這樣玩

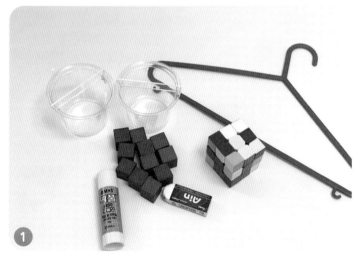

準備好道具

請準備衣架、透明杯和想用天平比較的物品們。

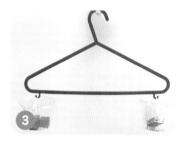

讓衣架保持平衡

若移去積木後讓衣架呈現平衡，可以知道 3 個積木和橡皮擦重量一樣。

以積木數量為標準測量物品重量

比如 5 個積木比橡皮擦重，這時可以問孩子如果要維持水平的話，該怎麼處理。

用衣架天平進行的測量重量，和 Day 97 的橡皮筋秤測量不一樣，這裡使用衣架作道具，但實際上是兩者進行比較，**橡皮筋秤的使用方法不是直接比較，而是看顯示重量的間接比較**，由此可知橡皮筋秤能比較更多物品的重量，這點也可以和孩子說明。

放入其他物品

放入其他物品（魔術方塊）用積木來測量重量，可以知道 7 個積木與魔術方塊一樣重。

橡皮擦跟魔術方塊的重量比較

問孩子橡皮擦和魔術方塊哪個比較重，再直接測量看看。

運用多種不同組合

既然使用積木為重量單位，問孩子橡皮擦和魔術方塊放在一起的話，需要幾個積木。用不同的重量組合和孩子一起測量，讓他能自然了解不等式。

「比較」

DAY 99

{用穀物玩遊戲}
尋找大容器遊戲

準備物品 穀類、各種大小的容器。

學習目標 認識容量。

遊戲優點 讓孩子了解容量與容器。

容量是指水壺或水瓶這類容器裡面空間的大小，也可以用於知道容器裡有多少量。相同的液體倒入大小相同的容器中，看哪一個容器的液體比較多就可以知道哪一個瓶子比較大。

遊戲這樣玩

準備好道具

請準備穀物、各種容器和一個當作標準的小碗。

先做預測

先讓孩子看容器的形態後，預測哪一個可以裝最多穀物。

把穀物舀入容器中

各自用手把穀物舀入容器中，測量容量。如舀大的容器時，爸媽用手舀兩次、小的容器孩子用手舀三次，然後問孩子：「舀三次算多嗎？」。

「容積」和「容量」這兩個用詞很容易被搞混。它們雖然可一起用,但意思不同。「容積」**是指空間裡所占的大小**;「容量」則**是容器等裝水或物品的量**,可以進入容器裡物品容積的最大值。

用最小的杯子當標準杯

若沒有標準,會不知道哪一個容量比較大,用最小的杯子當作標準杯,來測量倒入大容器裡需要舀幾次。

標準容器必須要統一

比較容量時使用的標準容器必須要統一。詢問孩子統一的理由是什麼。假如有對兄弟要一起喝一罐好喝的柳橙汁,當然不能讓哥哥用 10 個小杯子、弟弟用 10 個大杯子來喝。為了公平,所以必須要有精確的標準。

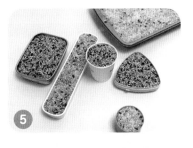

把剩下的容器裝滿

剩下的容器也都用標準杯來裝滿,並讓孩子排列裝入最多的容器到最少容器順序。

DAY 100 確認學習進度

學習比較

1 請〇出兩者中較長的一方

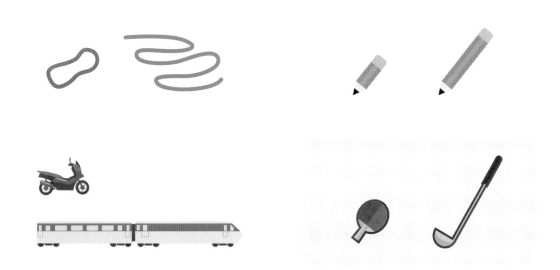

2 請按照身高順序，在 ▢ 裡填入 1、2、3

解答：220頁

 3 請選出可填入 **?** 裡的正確物品

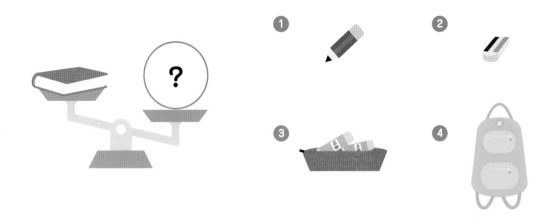

4 請○出兩者中較重的一方

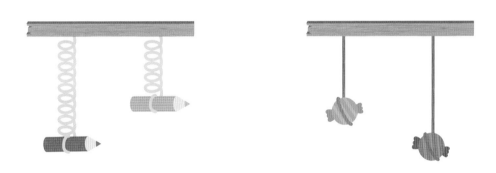

 5 把一個容器裡的水倒到另一個容器。
請選出兩個容器中哪一個可以裝比較多。

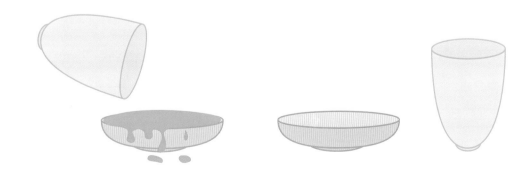

確認學習進度 解答

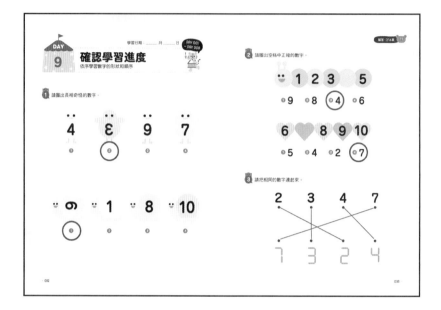

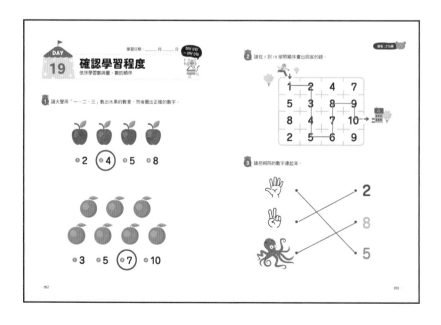

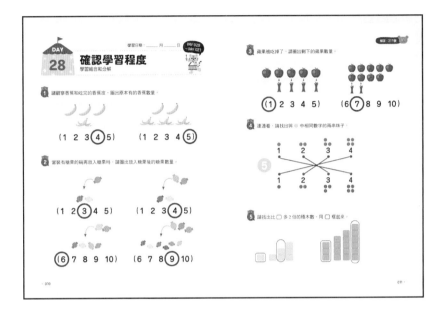

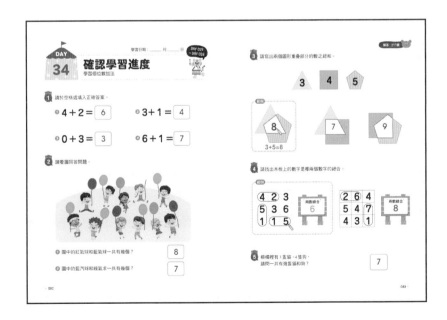

DAY 40

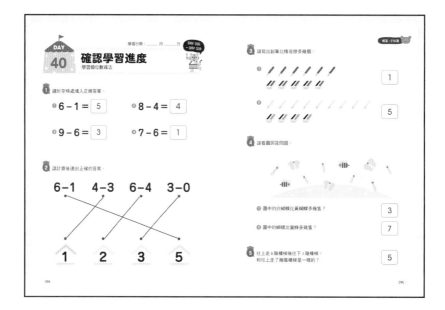

DAY 48

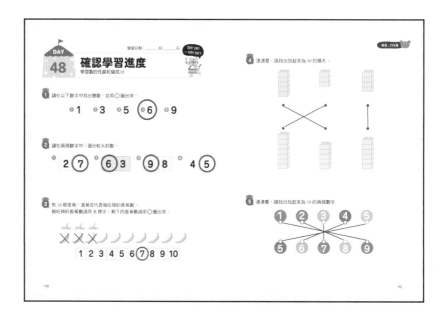

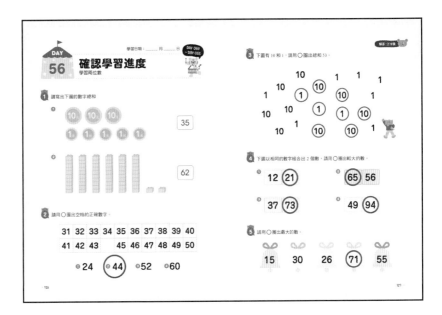

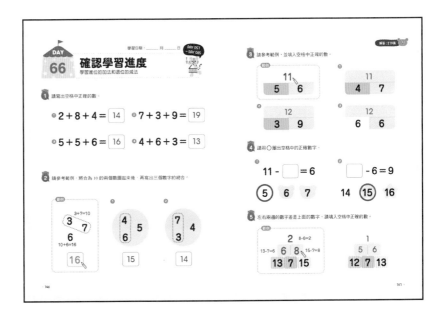

DAY 70

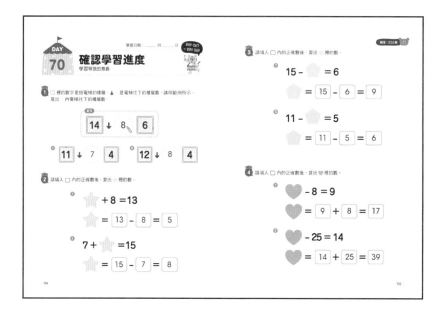

DAY 80

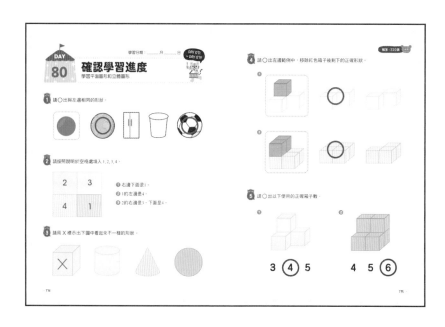

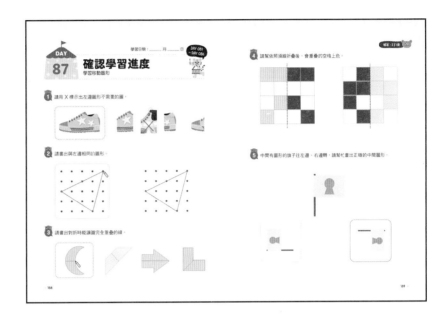

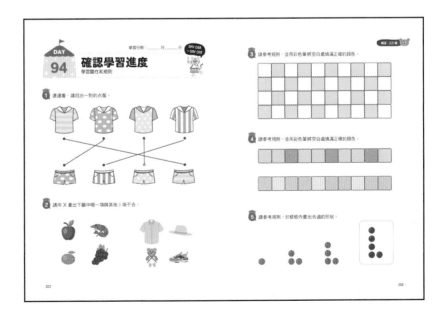

DAY 100

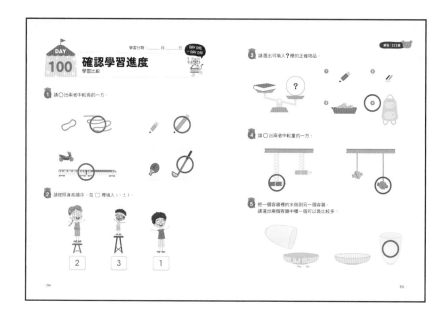

和媽媽
一起進行的
有趣數學遊戲

數學真的很好玩！
下次再來玩吧！

親子共讀推薦
創造美好童年記憶

鱷魚愛上長頸鹿

人際情感學習繪本

暢銷新版全 6 冊，
附贈分齡導讀冊及身高尺

首批限量加贈手提肩背兩用書袋
★《鱷魚愛上長頸鹿》系列暢銷新版★

學會與「有差異」的人相處，是一輩子的功課，
一生最重要的愛與表達課題，從小學起。

一天一篇人文閱讀，
養出心智強大的孩子：

每天十分鐘，在家就能學素養

隨書送〈親子筆記書〉

鍛鍊新課綱時代必備的思辨力
一本培養孩子內心力量的暖心教養書

★隨書送〈親子筆記書〉，邀請爸媽帶著孩子進
行一趟閱讀探索、靜心書寫之旅

小學生 STEAM
廚房科學創客教室：

5 大主題 X 50 款料理，
成為廚房裡的小小科學家

STEAM 跨領域學習創意製作指南

培養創意思維、科學探索、邏輯思考
掌握關鍵能力，成為小小食品科學家！

※ 6 月即將上市 ※

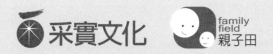

韓國廣受家長好評的親子
互動數學遊戲，將數學融
入生活日常，用遊戲玩數
學，100 天就能幫助孩子
建立正確數學概念！

https://bit.ly/37oKZEa

立即掃描 QR Code 或輸入上方網址，

連結采實文化線上讀者回函，

歡迎跟我們分享本書的任何心得與建議。

未來會不定期寄送書訊、活動消息，

並有機會免費參加抽獎活動。采實文化感謝您的支持 ☺

親子田 親子田系列 051

每日10分鐘數學超好玩親子互動遊戲書
用遊戲打造數學基礎，100 天就讓孩子愛上學習
엄마표 수학놀이 100 일의 기적

作　　者	辛敬美（신경미）、千宗鉉（천종현）
譯　　者	林建豪
責任編輯	鄒人郁
封面設計	Ute
內文排版	連紫吟・曹任華
童書行銷	張惠屏・吳冠瑩・張芸瑄

出版發行	采實文化事業股份有限公司
業務發行	張世明・林踏欣・林坤蓉・王貞玉
國際版權	林冠妤・鄒欣穎
印務採購	曾玉霞
會計行政	王雅蕙・李韶婉・簡佩鈺
法律顧問	第一國際法律事務所　余淑杏律師
電子信箱	acme@acmebook.com.tw
采實官網	www.acmebook.com.tw
采實文化粉絲團	http://www.facebook.com/acmebook
采實童書 FB	https://www.facebook.com/acmestory/

Ｉ Ｓ Ｂ Ｎ	978-986-507-789-1
定　　價	450 元
初版一刷	2022 年 05 月
劃撥帳號	50148859
劃撥戶名	采實文化事業股份有限公司
	104 台北市中山區南京東路二段 95 號 9 樓
	電話：(02)2511-9798
	傳真：(02)2571-3298

國家圖書館出版品預行編目資料

每日 10 分鐘數學超好玩親子互動遊戲書：用遊戲打造數學基礎,100 天
就讓孩子愛上學習 / 辛敬美, 千宗鉉作；林建豪譯 . -- 初版 . -- 臺北市：
采實文化事業股份有限公司, 2022.05
　面；　公分 . -- (親子田系列；51)
譯自：엄마표 수학놀이 100 일의 기적
ISBN 978-986-507-789-1(平裝)

1.CST: 學前教育 2.CST: 數學遊戲
523.23　　　　　　　　　　　　　　　　　　　111003306

采實出版集團
ACME PUBLISHING GROUP